自适应射击窗火控理论与应用

单甘霖 梅卫 刘恒 付强 著

国防工业出版社

·北京·

内 容 简 介

本书主要介绍高炮装备的火力控制技术,包括高炮装备定义、高炮装备发展现状、高炮装备火控理论、自适应射击窗火控技术的理论基础、自适应射击窗火控技术的目标跟踪、自适应射击窗火控技术的参数寻优计算、自适应射击窗火控技术的具体应用、自适应射击窗火控技术的毁伤效能评估等方面内容。

本书可作为火力与指挥控制、指挥自动化等领域的研究生教材,也可作为相关研究领域科研人员的参考用书。

图书在版编目(CIP)数据

自适应射击窗火控理论与应用/单甘霖等著. --北京:国防工业出版社,2024.1
ISBN 978-7-118-13104-8

Ⅰ.①自… Ⅱ.①单… Ⅲ.①高射炮—火控系统 Ⅳ.①TJ35

中国国家版本馆 CIP 数据核字(2023)第 246584 号

※

国防工业出版社出版发行
(北京市海淀区紫竹院南路23号 邮政编码100048)
天津嘉恒印务有限公司印刷
新华书店经售

开本 710×1000 1/16 印张 11½ 字数 212千字
2024年1月第1版第1次印刷 印数 1—1500 册 定价 96.00元

(本书如有印装错误,我社负责调换)

国防书店:(010)88540777 书店传真:(010)88540776
发行业务:(010)88540717 发行传真:(010)88540762

前言

随着高新技术的发展以及战争样式的变化，空袭与反空袭表现为从战争的前奏或组成发展成相对独立的战役，并且常常伴随着整个战争的进程，甚至成为唯一的作战方式，科索沃战争仅仅通过空袭作战就达到了战争目的。可见，未来空袭作战将变得越来越重要，与之相对的防空作战的重要性也随之提高。

陆军防空武器主要包括高射炮(以下简称"高炮")、防空导弹以及弹炮结合防空武器系统。其中，小口径高射速高炮是现代陆军防空火力系统的重要组成部分，在末端防空中与防空导弹具有互补性，发挥着不可替代的作用。随着航空技术的发展进步，飞机、导弹为了提高突防效果，普遍具有(超)低空、(高)超声速以及强机动能力，这大大增加了小口径高炮系统的命中难度。传统高炮系统拦截的是处于预测提前点的目标，预测精度越高，高炮系统的命中概率越大，而目标的高机动性等变化大大降低了预测提前点的精度。提升高炮武器系统效能的传统方法主要有提高目标预测提前点精度、缩短系统反应时间等。现代高炮系统射速快、火力密度大，一般采用集火射击方式，可在短时间内发射大量炮弹形成饱和射击，如果把各炮的弹丸散布中心均指向目标预测提前点，其弹目偏差将呈正态分布。这样会出现两种可能结果：一是命中进入正态分布中心区域内目标的弹丸数过多，在完成毁歼目标任务的同时造成了弹丸浪费；二是命中进入正态分布边缘区域内目标的弹丸数小于毁歼目标所需平均命中数，不足以毁歼目标。因此，对高射速小口径高炮系统来说，根据弹丸密度和目标机动性自适应地设置弹丸散布区域，具有很重要的意义。

作者研究团队围绕以上问题进行了多年的探讨和研究，并取得了一定的成果，本书主要基于这些研究工作和成果进行编写。为便于读者阅读，在阐述主要内容之前，介绍了高炮装备定义、作战使命任务、战技指标和发展现状等内容。本书内容主要包括自适应射击窗火控理论基础、自适应射击窗体制下的目标跟踪、自适应射击窗参数计算、自适应射击窗火控理论应用、自适应射击窗火控毁伤效能评估。

特别感谢近年来与作者一起合作研究的卢大庆、肖颖、孟凡东等，由于他们共同的努力，才有今天的成果。本书在编写过程中，参阅了国内外同行的研究成果，出版中得到国防工业出版社郑廷编审的大力支持，一并表示诚挚的谢意。

由于作者水平有限，书中难免有疏漏和不妥之处，敬请读者批评指正。

作者

2023 年 3 月

目录

第1章 绪论 1

1.1 高炮装备定义 1

1.2 高炮装备作战使命任务 2

1.3 高炮装备战技指标 2

1.4 高炮装备发展现状 3

1.5 小结 5

参考文献 6

第2章 自适应射击窗火控理论基础 7

2.1 高炮装备火控基本理论 7

2.2 自适应射击窗的定义 10

    2.2.1 自适应射击窗的基本思想 10

    2.2.2 自适应射击窗的适用范围 11

    2.2.3 自适应射击窗的性质 13

    2.2.4 自适应射击窗的物理意义 15

2.3 自适应射击窗的构造 16

    2.3.1 单层射击窗 17

    2.3.2 多层射击窗 17

2.4 自适应射击窗的毁伤效能 …… 27
  2.4.1 函数凹凸性质分析 …… 28
  2.4.2 弹丸散布概率密度分析 …… 40
2.5 自适应射击窗的火控算法 …… 48
2.6 小结 …… 49
参考文献 …… 49

第3章 自适应射击窗体制下的目标跟踪 …… 53

3.1 目标运动特性分析 …… 53
  3.1.1 巡航导弹 …… 53
  3.1.2 直升机 …… 54
  3.1.3 攻击机 …… 55
3.2 目标跟踪算法 …… 56
3.3 目标运动特性识别及其表征参数估计 …… 60
  3.3.1 基于位置量变化规律的蛇形机动模式识别及幅度估计 …… 60
  3.3.2 蛇形机动模式识别算法仿真 …… 66
  3.3.3 目标不同运动模式下的表征参数分析 …… 72
3.4 小结 …… 72
参考文献 …… 72

第4章 自适应射击窗参数计算 …… 75

4.1 毁歼概率计算模型 …… 75
4.2 毁歼概率模型的改进 …… 78
  4.2.1 对目标提前点预测误差的处理 …… 78

  4.2.2　空域窗体制下计算模型 ……………………………………… 96

4.3　求解射击窗技术参数计算模型的优化算法 ……………………………… 99

4.4　小结 ………………………………………………………………………… 105

参考文献 …………………………………………………………………………… 105

第5章　自适应射击窗火控理论应用 …………………………………… 108

5.1　集中式与分布式高炮系统 …………………………………………………… 108

  5.1.1　传统火控系统 …………………………………………………… 109

  5.1.2　分布式火控系统 ………………………………………………… 109

5.2　时空域射击窗设计与应用 …………………………………………………… 112

5.3　空间域射击窗设计与应用 …………………………………………………… 114

5.4　仿真验证 …………………………………………………………………… 116

5.5　小结 ………………………………………………………………………… 122

参考文献 …………………………………………………………………………… 123

第6章　自适应射击窗火控毁伤效能评估 ……………………………… 124

6.1　效能评估总体设计 ………………………………………………………… 125

6.2　效能仿真平台 ……………………………………………………………… 128

  6.2.1　数学模型建模 …………………………………………………… 128

  6.2.2　模块接口开发 …………………………………………………… 139

6.3　高炮系统毁伤效能评估 …………………………………………………… 142

  6.3.1　传统火控系统 …………………………………………………… 142

  6.3.2　分布式火控系统 ………………………………………………… 166

6.4　小结 ………………………………………………………………………… 174

参考文献 …………………………………………………………………………… 174

第1章 绪 论

1.1 高炮装备定义

随着高新技术的发展以及战争样式的变化,未来空袭作战将变得越来越重要,与之相对的是防空作战任务也随之加重。陆军防空武器主要包括高射炮(以下简称"高炮")、防空导弹以及弹炮结合防空武器系统。高炮是现代陆军防空火力系统的重要组成部分,在末端防空中与近程防空导弹具有互补性,发挥着不可替代的作用[1-2]。

高炮是指从地面射击空中目标的火炮,主要对付来袭的空中目标,如飞机、直升机、巡航导弹和无人飞行器,掩护地面部队、重要目标以及设施免受空袭[3-4]。按运动方式,高炮可分为牵引式高炮和自行式高炮;按口径大小,高炮可分为小口径高炮、中口径高炮和大口径高炮。各国按其战术作战要求,对具体口径的划分范围不同。我国和苏联划分方法一致,20~60mm 为小口径高炮,60~100mm 为中口径高炮,100mm 以上为大口径高炮。美国的划分方法,20~57mm 为小口径高炮,57~99mm 为中口径高炮,99mm 以上为大口径高炮。目前,国内外装备的现役高炮大都是 60mm 以下口径,尤其以 20~40mm 口径居多,且多采用多管联装和旋转式多管结构,以提高射速,增强火力,增大作战效能。

小口径高炮的主要特点如下。

1. 弹丸初速高、射速高

弹丸初速是指弹丸离开炮口的瞬时速度,高炮射速是指单位时间内高炮发射炮弹的数量。高炮弹丸初速、射速的提高,可以大大提高武器的作战效能。现在小口径高炮的初速一般都在 1000m/s 以上。20mm 口径单管高炮射速可达 1000 发/min,35mm 口径单管高炮射速可达 500 发/min,40mm 口径单管高炮射速可达 300 发/min,通过双管、多管联装、转管转膛结构,配备先进的供弹系统,有的小口径高炮最高射速可达 10000 发/min。

2. 配备先进的火力控制设备

现代高炮武器系统除了配备雷达,还有先进的可见光、红外线、激光三光合一的光电火力控制设备,使武器系统具有全天候作战能力,提高武器系统的反应速度和作战效能。

3. 机动性强

现有高炮的运行方式有牵引和自行两种形式,新研制的高炮以自行式居多,如履带式、轮式和车载式,用于野战部队的遂行防空,大大提高了武器系统的机动性,提高了高炮战场转移速度和自身的生存能力。

1.2 高炮装备作战使命任务

小口径高炮主要编配防空部队,用于要地防空和伴随式野战防空。

进行要地防空作战时,可拦截低空突防的固定翼飞机、武装直升机、无人机、巡航导弹、火箭弹和炮弹等低空飞行目标,为重要军事设施、机场、仓库和交通枢纽提供空中掩护。进行伴随式野战防空作战时,主要任务是伴随掩护坦克和机械化部队,使之免受战斗轰炸机、武装直升机、无人机的低空超低空袭击以及拦截导弹、火箭弹和炮弹等弹药,必要时也可对地面轻型装甲目标、水面目标进行射击。

1.3 高炮装备战技指标

高炮战术技术指标要求是指对拟研制生产的高炮装备提出的作战使用和技术性能的要求,它是进行高炮设计、状态鉴定和列装定型的根本依据。战技指标的要求通常由使用单位根据所承担的作战任务提出需求,装备论证单位综合各方面因素进行全面分析和论证,确定高炮具体的战术技术指标要求,主要包括以下内容[3]。

(1)口径:是指高炮炮管的直径。

(2)有效射程:是指在规定的目标条件和射击条件下,弹丸达到预定效力时的最大射程。

(3)射高:是指过射出点的水平面距离弹道最高点的高度。最大射高是射高的最大值,有效射高是指在规定的目标条件和射击条件下,弹丸达到预定效力时的最大射高。据一般经验,小口径高炮的有效射高是最大射高的 0.35 ~

0.6倍。

(4)射击精度:是射击密集度和射击准确度的总称。射击密集度是指高炮在相同的射击条件下,弹丸的弹着点相对于平均弹着点的密集程度;射击准确度是指平均弹着点对目标的偏离程度,以平均弹着点与目标预期命中点之间的直线距离衡量。

(5)射速:是指高炮在单位时间内发射炮弹的数量,用以表征高炮快速发射炮弹的能力,一般分为极限射速、实际射速、理论射速和规定射速等。极限射速是指在一定时间内持续射击时,高炮技术性能所允许的最大射速。实际射速是指高炮在战斗使用条件下实际达到的射速。理论射速是指高炮按一个工作循环所需要的时间计算的射速。规定射速是指在规定的时间内,在不损坏高炮、不影响射击准确度、保证安全条件下的射速。

(6)射界:包括高低射界和方向射界。高低射界是指炮身俯仰的最大允许范围,方向射界是指炮身水平回转的最大允许范围。

(7)瞄准速度:是指随动系统带动高炮跟踪目标时,炮身轴线在水平和垂直面内的角位移速度,在水平面内的角位移速度称为方向瞄速,在垂直面内的角位移速度称为高低瞄速。

(8)快速反应能力:通常是指高炮系统从开始探测目标到对目标实施射击全过程的迅速性,以反应时间表示。火力控制系统的反应时间是指从探测到目标到火力系统收到射击诸元所用的时间。

1.4 高炮装备发展现状

最初的高炮起源于1870年普法战争中专门用于对付传递信息载人气球的37mm火炮,又称为"打气球炮"。随着飞艇和飞机的相继出现,为了对付这些目标,德国人对原"打气球炮"加以改进,口径加大为50mm,于1906年研制出了世界上第一门真正意义上的防空高炮。

德国于1914年生产的具有代表性的77mm高炮,采用控制手轮调整身管,且首次采用炮盘实现高炮方位向旋转,可认为是最早的牵引式高炮。同年,俄罗斯研制的76mm高炮是世界上第一门安装在卡车底盘上的自行高炮。

第二次世界大战大大促进了飞机性能的提升,使得高炮的作战效能也得到了很大提高:一是采用了长炮管提高初速和射高,有的小口径高炮的炮管长度达到口径的70倍,初速约为1000m/s;二是小口径高炮上配备了装填复进等装置,提高了高炮射速;三是高炮大都配备了先进的火力控制系统,提高了高炮的命中率,小口径高炮配有自动瞄准具,瞄准速度快,发射速度高,操作灵活,成为当时唯一有效的地面防空武器。

从20世纪60年代中期开始,由于小口径高炮具有反应快、射速高、命中率高、多管集中发射的特点,在配备先进的火力控制系统后,可有效拦截低空突防的飞机,又重新得到了青睐。比较典型的是联邦德国生产的"猎豹"35mm双管自行高炮,其高炮采用的是2门瑞士厄利空公司的KDA型35mm机关炮,具有射速高、威力大、可靠性高等特点。

武装直升机和无人机的出现与发展对地面防空武器提出了新的挑战,促使弹炮结合防空武器系统的诞生,它可对坦克和机械化部队提供伴随式防空,使防空导弹和高炮优势互补,通过火控系统的综合控制,对低空目标有足够的杀伤距离和反应时间,成为对付武装直升机和无人机的有效武器,如俄罗斯的"通古斯卡"弹炮结合自行防空武器系统。

对国内高炮装备来说,在中华人民共和国成立初期,我国只能从苏联进口高炮用于防空作战,因为当时国家工业基础薄弱且受到西方国家的制裁。第一批国产高炮主要是55式37mm、59式57mm和59式100mm三种,它们的诞生基本使我军实现了低、中、高空三层火力覆盖[5]。55式37mm高炮的主要指标是发射榴弹初速880m/s,理论射速160～180发/min,战斗射速80发/min;59式57mm高炮的主要指标是发射榴弹时初速1000m/s,理论射速100～120发/min,战斗射速60发/min;59式100mm高炮的主要指标是发射榴弹时初速900m/s,射速15发/min。

进入20世纪60年代以后,为了参加抗美援越战争和进行国土防空,我国自行研制成功了一批新型高炮,典型装备如71式20mm高炮、72式85mm高炮、65/74式37mm高炮[5]。其中,大量装备我军并援外的37mm系列高炮是主力,其在抗美援越防空战斗中发挥了重大作用。71式20mm高炮的主要指标是炮初速1010m/s,理论射速400～500发/min;65式37mm高炮的主要指标是发射榴弹初速866m/s,理论射速2×180发/min;72式85mm高炮的主要指标是初速1000m/s,射速30～35发/min;74式37mm高炮的主要指标是发射榴弹初速866m/s,理论射速2×240发/min。

改革开放以后,为满足信息化条件下高技术局部战争的需要,通过采取引进技术并针对客观实际,我国自行研制了一批优良装备,包括PG87式双管25mm高炮、PGZ88式双管37mm自行高炮、PGZ95式(PGZ2000式)4管25mm自行高炮系统、PG99 式双管 35mm 高炮系统等。还有 85 式双管 23mm 高炮和 80 式双管 57mm 自行高炮用于外贸出口,它们的成功研制缩短了我国与世界先进水平之间的差距[5]。PG87 式双管 25mm 高炮的主要指标是初速 1050m/s,理论射速 $2\times(600\sim800)$ 发/min。PGZ88 式双管 37mm 自行高炮的主要指标是初速 1000m/s,理论射速 2×360 发/min。PGZ95 式(PGZ2000 式)四管 25mm 自行高炮系统于 20 世纪 90 年代研制定型并装备部队,具有 80 年代末期世界先进水平,该型高炮是我国第一代全自动、昼夜合一、可行进间射击的野战自行高炮系统,其系统构成完整、功能齐全、高新技术含量大、技术密集度高,形成了一个集作战、指挥、勤务保障、维修保养、训练于一体的小型防空系统,主要指标是初速 1050m/s,理论射速 $4\times(600\sim800)$ 发/min。PG99 式双管 35mm 高炮系统具有弹丸初速大、弹道性能好、射速高、射击精度高、系统反应时间短、可靠性可维护性好、自动化程度高等显著优点,其主要指标是榴弹初速达 1175m/s(脱壳穿甲弹为 1385m/s),单管理论射速达到 550 发/min。

国产新一代双管 PGZ09 式 35mm 履带式自行高炮系统已研制成功并开始装备部队已经达到了世界先进水平[6]。另外,近期亮相的新型 625 轮式自行高炮,被认为是双管 35mm 牵引式高炮替代方案的有力竞争者,其采用了加特林原理的 6 管 25mm 炮,在射速、威力和火力持续性上做到了很好的平衡。其发射榴弹初速可达 1150m/s,在采用加特林自动机的情况下,可以确保射速完全力压 2019 年露面的"单 35 自行高炮",在技术上甚至完全可以做到世界顶级[7]。

飞机等空中目标速度机动性与突防能力的不断提高,给防空作战带来了极大的挑战。与此同时,随着高炮技术的发展以及弹炮结合一体化,小口径高炮也日趋完善,且在防空武器中的地位不断得到加强。对现代小口径高炮来说,其初速高、射速高、瞄准速度高,火力控制系统自动化程度高,系统反应时间短,具有较好的低空防空能力,高射速带来的密集弹幕完全可以应对这些新挑战。

1.5 小结

本章对高炮装备的基本概念等进行了分析与总结,阐述了高炮装备的定义,分析了其作战使命和任务,介绍了高炮装备战技指标,最后分析了高炮装备的发展现状。

参考文献

[1] 薄煜明,郭治,杜国平,等. 高炮与防空导弹在近程防空反导中的互补性[J]. 兵工学报, 2002,23(2):164-166.

[2] 曹建军,王艳霞,邵衍振,等. 高炮与防空导弹射击时机互补性研究[J]. 系统工程与电子技术,2014,36(1):95-98.

[3] 谈乐斌. 火炮概论[M]. 北京:北京理工大学出版社,2014.

[4] 卢志刚,武云鹏,张日飞,等. 陆战武器网络化协同火力控制[M]. 北京:国防工业出版社,2020.

[5] 欣鑫. 辉煌历程:从55式37毫米高炮到PG99式35毫米高炮[J]. 现代兵器,2008(4):17-23.

[6] 袁风. 给力防空火网——国产新一代双35高炮采访记[J]. 兵器,2012(1):6-10.

[7] 偏北风. 谈中国陆军新型625轮式自行高炮[J]. 坦克装甲车辆,2021(4):16-22.

第2章 自适应射击窗火控理论基础

高炮火力控制理论主要是指计算高炮射击诸元的理论,用于控制发射弹丸,以期高炮武器系统发挥最大的射击效能。本章首先介绍高炮装备火力控制理论的概念,分析几种典型的火力控制理论,然后针对未来空域窗火控理论中射击窗的设计这一关键问题,提出自适应射击窗思想,即以目标运动状态为根据,以毁歼目标的概率最大为原则,自适应计算射击窗技术参数,通过研究射击窗的拓扑结构及分布区域与目标运动状态的关系,提高目标的毁歼概率。其次,论述自适应射击窗的定义,提出多层射击窗的构造方法。再次,分别从函数凹凸性质角度和弹丸散布概率密度角度分析自适应射击窗火控理论与集火射击的毁伤效能关系。最后,将自适应射击窗火控理论与集火射击方式对比,分析自适应射击窗火控理论的优点。

2.1 高炮装备火控基本理论

火力控制是指控制武器自动或半自动实施瞄准与发射弹药的全过程,通常简称为火控[1-4]。火控包括:实施对目标的搜索识别跟踪以瞄准目标,依据目标状态测量值、弹道方程、目标运动规律假定、实际弹道条件、武器平台运动姿态等条件参数计算射击诸元以命中目标,以射击诸元控制武器随动系统驱动武器线趋近射击线,并依据指挥员射击决策自动或半自动地执行射击程序。本书的火控理论主要是指与高炮射击体制所对应的计算高炮射击诸元的理论,目前,主要包括以下几种。

1. 集火射击理论[2-4]

倘若毁歼目标所需平均命中弹数大于1发,或者单发弹丸命中率过低,不足以满足武器系统战技指标所要求的毁歼概率,那么就需要发射多发弹丸。将所发射弹丸的散布中心,均指向预测的弹目相遇提前点的火控理论,称为集火射击。该射击体制初创于越战末期,于20世纪70年代在我军成熟[5]。

2. 示踪瞄准火控理论[2-4,6]

示踪瞄准火控理论的原理是:首先测量虚拟弹丸对真实目标的弹目偏差,设定偏差允许范围;其次对其进行修正,直到该偏差落入允许范围之内才实施射击。它完全区别于传统的以解相遇方程组为核心的火控理论,消除了由于火控系统所做目标运动规律假定与目标实际运动不相匹配而产生的目标运动假定误差,目前已应用到航炮火控系统中,应用前景良好。

3. 校射理论

校射理论主要分为大闭环校射理论[4,7]、虚拟闭环校射理论[7-9]与初速闭环校射理论[7]三种。大闭环校射理论是指根据测量真实弹丸与被拦截目标的弹目偏差进行校射,其难点是准确测量弹目偏差量。该理论在第二次世界大战时期被提出,到20世纪70年代已有产品问世,如美国"密集阵"系统、俄罗斯"卡什坦"系统等。其适用条件是弹丸飞行时间较短。虚拟闭环校射理论比较新颖,其基本思路是:利用射表的虚拟延伸获取逆解射击诸元,并将其与顺解射击诸元标准值比较,离线构建射击诸元误差模型用于在线修正。该理论用于校正由目标运动规律假定模型误差导致的弹丸偏差。目前,该校射技术还未用于实践阶段。初速闭环校射理论用于修正弹丸发射时的初速偏差引起的射击误差。国外对炮口速度问题进行了数十年的研究,已有产品应用到高炮装备中,瑞士的厄利空"防空卫士"是其中的典型代表。虽然国内在这方面的研究起步较晚,但后来居上,也已研制出相关产品应用到高炮系统。

4. 多重命中体制[10]

多重命中体制由我国谢群教授提出,当运用初速不同的高炮进行集火射击时,依据弹丸初速度的差异确定其发射顺序,使各炮发射的弹丸同时汇聚于目标航路上的同一点。弹丸发射顺序为初速高的后发射、初速低的先发射。

5. 大偏差停射体制[11-12]

在高炮求解出射击诸元的同时,通常会依据期望的命中概率来计算一个有效射击区域,即以射击诸元为中心确定其有效区间。当高炮炮管方向穿出预设的有效射击区域时,高炮暂时停止射击,只有当高炮炮管方向穿入该有效射击区域内时才能实施射击,这种射击方式称为大偏差停射体制。

6. 分布式、网络化、一体化火控[3,13-26]

分布式、网络化和一体化并不是三个孤立的概念,而是紧密联系在一起的。此处的分布式区别于分布式射击,是指在逻辑结构上将体系内的多传感器系统与火控系统分散配置在某一地域内,而不是传统意义上的集中配置;网络化火力控制系统(简称"火控")是指通过网络将隶属于一定体系结构中的分布式高炮火力控制系统互联起来,构建一个各作战资源之间互通互联的作战网络;一体化火控是指在作战中调配非隶属配置的作战资源进行协同作战,其前提是各作战资源已经实现网络化连接。用一句话概括,分布式火控的本质是基于网络技术实现火力控制横向信息的一体化[3]。

7. 分布式射击[11,27-31]

分布式射击是指将所发射弹丸的散布中心,不都指向预测的弹目相遇提前点,而是在其周围进行一定规律的分散配置。通常而言,将弹丸的散布中心进行适当的配置后,可扩大弹丸有效散布区域,并保证弹丸在该区域内近似服从均匀分布。

8. 未来空域窗射击[27,32-57]

若分布式射击方式由多门多管高炮系统实施,则又称为未来空域窗射击体制,对小口径高射速高炮来说,可充分发挥其火力密度大的优势,有效提高高炮系统对机动目标的毁伤效能。在介绍未来空域窗的概念之前,首先需要定义预测迎弹面。

预测迎弹面的定义是[27]:与预测弹丸存速方向垂直且过预测目标提前点的平面。

在预测迎弹面内以预测目标提前点 M_q 为原点,建立二维直角坐标系 $x-y$,x 轴为包含预测弹丸存速方向的铅垂面与预测迎弹面的交线,正向朝上;y 轴垂直于 x 轴,正向指向航路方向,如图 2-1 所示。

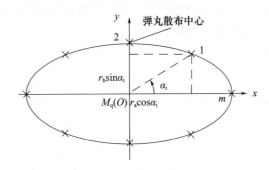

图 2-1 未来空域窗原理

在图 2-1 所示的预测迎弹面内,$m(m \geq 3)$ 个弹丸散布中心 $\overline{X}_i, i=1,2,\cdots,m$ 的弹丸散布误差呈高斯分布,方差设为 Σ。若将发射的弹丸平均分配到每个弹丸散布中心上,且 m 个弹丸散布中心均匀配置在曲线 $\|\Sigma^{-1/2}X\| = r$ 上,即

$$\overline{X}_i = (\bar{x}_i \quad \bar{y}_i)^T = \pmb{\Sigma}^{1/2}\left(r\cos\frac{2\pi}{m}i \quad r\sin\frac{2\pi}{m}i\right)^T = \left(r_a\cos\frac{2\pi}{m}i \quad r_b\sin\frac{2\pi}{m}i\right)^T \quad (2-1)$$

在参考文献[27]中已证明：可构成一个在弹丸配置中心区域保持平坦性的椭圆形未来空域窗。(r_a,r_b) 称为射击窗技术参数，若 $r_a = r_b$，则构成圆形未来空域窗，由 $r = \sqrt{2}$ 可知当射击窗技术参数确定后，弹丸散布方差 $\pmb{\Sigma}$ 也随之确定。

2.2 自适应射击窗的定义

根据目标的运动状态和空中弹丸密度，以毁伤概率最大为目标函数自适应计算射击窗技术参数的理论方法，称为自适应射击窗火力控制理论[58]，它通过研究射击窗的拓扑结构及分布区域与目标运动状态的关系，优化毁伤目标的概率。

2.2.1 自适应射击窗的基本思想

自适应射击窗的前提是火力密度较大，在此基础上空域窗的几何形状应取决于目标的运动状态。自适应射击窗火控技术中的"自适应"体现在射击窗技术参数随着目标运动特性的变化而做出相应的改变，其中，目标的运动特性为自变量，射击窗技术参数为因变量。若将自适应射击窗火控技术类比于数学中的映射，则原像域为目标的运动特性和空中弹丸的密度，映射规则为毁歼目标的概率最大，像域就是射击窗技术参数。

自适应射击窗火控技术的基本思想是：对目标量测数据进行滤波估计得到目标运动参数，运用相关算法识别出目标运动特性并分析其表征参数，如匀加速直线运动的加速度、蛇形机动模式的机动频率和机动幅度等。根据不同的目标运动特性选择合适的提前点预测模型解相遇求得目标提前点，在该点将目标运动特性表征参数以不同类型误差的形式，添加到构建的空域窗射击毁歼概率计算模型中，得到以目标运动状态与射击窗技术参数为约束条件、毁歼概率为目标函数的数学模型。利用优化算法求解出满足毁歼目标概率最优的射击窗技术参数，根据射击窗技术参数修正射击诸元的解算，得到射击诸元后分配给各高炮实施射击拦截目标，其火控系统原理示意图如图2-2所示。

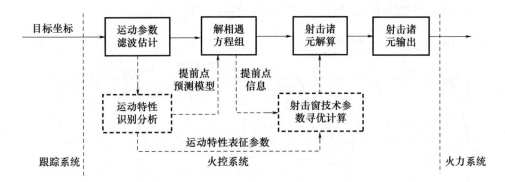

图 2-2 自适应射击窗火控系统原理示意图

从图 2-2 可知,与传统的集火射击火控系统相比,自适应射击窗火控系统增加了新的功能模块,这些功能模块的最终目的是求解满足毁歼目标概率最优的射击窗技术参数。通过这些新添加的模块,优化了集火射击火控系统的信息流程。

2.2.2 自适应射击窗的适用范围

目前,高炮火控系统解算目标预测提前点时多采用跟踪射击方式,其原理是根据多个目标滤波参数,估计出目标运动模式并假设在射弹飞行时间内目标仍处于当前运动模式,然后利用目标现在点信息,解相遇求得目标预测提前点,进而得到高炮射击诸元。对处于直线运动模式的目标来说,这种提前点预测方法的精度比较高。而对于运动模型较复杂但具有规律性的运动模式来说,如蛇形机动模式,跟踪射击方式的提前点预测精度比较差。

蛇行机动模式的规律性是指受多种因素限制,如目标运动航向、便于控制、为了完成任务的需要等,蛇形机动一般具有稳态性和规范性。稳态性表现在为规避防空武器的拦截,目标根据提前设置的参数(机动频率、幅度)进行多个周期的蛇行机动;规范性主要是指单次航路中蛇形机动频率和机动幅度大小固定。

针对处于蛇形机动模式的目标,提出包络射击的概念。包络射击是指目标运动范围被包络射击线内区域部分或全部覆盖的一种射击方式,此处的包络射击线是由一系列相邻椭圆或圆形弹丸散布区域的切线段构成的光滑连线,如图 2-3 所示。其与跟踪射击方式的本质区别在于提前点预测方法的不同。该射击方式采用统计中心线提前点预测模型,即目标预测提前点均位于统计中心线上,以此点为中心构建合理的弹丸散布区域。很明显,若构建合理的弹丸散布区域,首先需要估计出蛇形机动模式的机动频率与机动幅度。

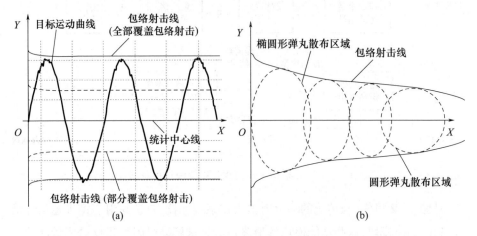

图 2-3 包络射击原理示意图

对蛇形机动目标而言,集火射击的弹丸散布区域通常偏小,因为其弹丸散布误差均方差在射击前已固定,这导致集火射击毁歼目标的概率较小。而自适应射击窗火控技术根据估计出的蛇形机动幅度可自适应计算射击窗技术参数,可以提高毁歼蛇形机动目标的概率。若采用包络射击拦截蛇行机动目标,全部覆盖包络射击方式并不是最佳选择,除非目标的机动幅度足够小,否则,在可射击航路中毁歼目标的概率变化剧烈,并非全局最优,故经常选择部分覆盖包络射击方式。

倘若蛇形机动幅度较大,在火力密度一定的条件下,落入单位有效射击区域内的弹丸过于稀疏会导致毁伤效果不佳。为此,可以采取类闭环校正方式修正目标提前点位置,在减小目标提前点预测误差后,再选择集火射击或自适应射击窗火控技术实施射击。此时,仍然选择自适应射击窗火控技术的原因是类闭环校正方式不可能完全消除提前点预测误差。当然,如果校正后误差变得很小,也可能出现集火射击优于自适应射击窗火控技术的现象。

对直线运动目标进行跟踪射击时,自适应射击窗火控技术也可以设置较小的射击窗技术参数,以达到与集火射击相同的射击效果。甚至在极端情况下,将射击窗技术参数设置为零,则此时自适应射击窗火控技术等价于集火射击。

综上所述,可以得到以下三个结论:自适应射击窗火控技术适用于做直线运动或蛇形机动的目标,且可提高对蛇形机动目标的毁歼概率;对处于直线运动模式的目标,集火射击与自适应射击窗火控技术通常采取跟踪射击方式;对处于蛇形机动模式的目标,集火射击与自适应射击窗火控技术通常采取包络射击方式,如果蛇形机动幅度较大,可以先进行类闭环校正目标提前点预测误差,减小该误差后再进行射击。

2.2.3 自适应射击窗的性质

分析目标运动规律对特定有限射击区域的随机穿越特性(由滞留度和穿越频率[11]表征)是研究未来空域窗的前提。对蛇形机动目标而言,其通常只在某一轴上进行周期性的蛇形机动,即这一机动是以蛇形机动函数为均值的条件随机过程。故针对目标蛇形机动规律,选择单个周期,研究分析蛇形机动航路对矩形区域的随机穿越问题。

蛇形机动也可称为正弦摆动机动(sinusoidal weaving maneuver),其运动规律可写为 $y(t)=r\sin(\omega t)$。取单个周期 $t\in[0\ \ 2\pi/\omega]$,矩形域的边长分别为 $2\pi/\omega$ 和 $\alpha\cdot r$,$0\leqslant\alpha\leqslant 1$,如图2-4所示。根据滞留度 S_{in} 和穿越频率 f_p 的定义,其可用式(2-2)计算。

$$\begin{cases} S_{in} = \dfrac{2\times\dfrac{1}{\omega}\arcsin\alpha}{\dfrac{\pi}{\omega}} = \dfrac{2\arcsin\alpha}{\pi} \\ f_p = 1\bigg/\left\{\left[\dfrac{\pi}{\omega}+\dfrac{1}{\omega}\arcsin\alpha\right]-\dfrac{1}{\omega}\arcsin\alpha\right\} = \dfrac{\omega}{\pi} \end{cases} \quad (2-2)$$

可知,滞留度 S_{in} 与蛇形机动频率 ω 无关,由矩形域的边长 α 唯一确定;穿越频率 f_p 与矩形域的大小无关,由蛇形机动频率 ω 唯一决定。在表征矩形区域大小的参数 ω 和 α 中,ω、r 是由目标运动规律决定的,只能估计出,无法自适应设置。而 α 可以人为自适应设置,用来调节蛇形机动航路对矩形区域的穿越特征量。

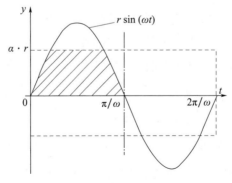

图2-4 蛇形机动穿越矩形区域示意图

下面给出一种自适应设置 α 的方法。选择两个评价指标 p：正弦剩余面积率 $p_{\sin}$ 和矩形浪费面积率 $p_{\text{rectangle}}$。前者的定义为：正弦曲线和时间轴所围区域内与矩形区域的未相交部分面积和该面积最大值的比率。该比率越小，表示目标运动范围被覆盖的部分越大，越有利于拦截目标，故此值越小越好。后者的定义为：矩形区域内与正弦曲线和时间轴所围区域的未相交部分面积与该面积最大值的比率。该比率越小，表示无效射击区域越小，弹丸浪费得越少，则此值也是越小越好。

考虑到在单个周期内的对称性，仅需要正弦曲线半个周期（$t \in [0, \pi/\omega]$），即可推导出 $p_{\sin}$ 和 $p_{\text{rectangle}}$ 的表达式。

正弦曲线与时间轴所围区域面积 S_1 为

$$S_1 = \int_0^{\pi/\omega} r\sin(\omega t)\,\mathrm{d}t = -\frac{r}{\omega}\cos(\omega t)\Big|_0^{\pi/\omega} = \frac{2r}{\omega} \qquad (2-3)$$

当 $\alpha = 0$ 时，正弦曲线和时间轴所围区域内与矩形区域的未相交部分面积最大值 $S_2 = S_1 = 2r/\omega$。

正弦曲线和时间轴所围区域内与矩形区域的相交部分面积 S_3（阴影部分）的计算公式如下（推导过程中会用到公式 $\cos[\arcsin\alpha] = \sqrt{1-\alpha^2}$）：

$$\begin{aligned}S_3 &= \int_0^{(\arcsin\alpha)/\omega} r\sin(\omega t)\,\mathrm{d}t + \int_{(\pi-\arcsin\alpha)/\omega}^{\pi/\omega} r\sin(\omega t)\,\mathrm{d}t + \alpha \cdot r \cdot (\pi - 2\arcsin\alpha)/\omega \\ &= \frac{2r}{\omega}\left[(1-\sqrt{1-\alpha^2}) + \frac{1}{2}\alpha \cdot (\pi - 2\arcsin\alpha)\right]\end{aligned} \qquad (2-4)$$

则正弦剩余面积率 $p_{\sin}$ 的计算公式为

$$p_{\sin} = \frac{S_1 - S_3}{S_2} = \frac{2r/\omega - 2r/\omega \cdot \left[(1-\sqrt{1-\alpha^2}) + \frac{1}{2}\alpha \cdot (\pi - 2\arcsin\alpha)\right]}{2A/\omega}$$

$$= [2\sqrt{1-\alpha^2} - \pi\alpha + 2\alpha\arcsin\alpha]/2 \qquad (2-5)$$

矩形区域面积 $S_4 = 2\alpha r\pi/\omega$。当 $\alpha = 1$ 时，矩形区域内与正弦曲线和时间轴所围区域的未相交部分面积最大值 $S_5 = 2r\pi/\omega - S_1 = 2r\pi/\omega - 2r/\omega$。矩形区域内与正弦曲线和时间轴所围区域的未相交部分面积 S_6 的计算公式为

$$\begin{aligned}S_6 = S_4 - S_3 &= 2\alpha r\pi/\omega - 2r/\omega \cdot [(1-\sqrt{1-\alpha^2}) + \\ &\quad 0.5\alpha \cdot (\pi - 2\arcsin\alpha)]\end{aligned} \qquad (2-6)$$

则矩形浪费面积率 $p_{\text{rectangle}}$ 的计算公式为

$$p_{\text{rectangle}} = \frac{S_6}{S_5} = \frac{2\alpha r\pi/\omega - 2r/\omega \cdot [(1-\sqrt{1-\alpha^2}) + 0.5\alpha \cdot (\pi - 2\arcsin\alpha)]}{2r\pi/\omega - 2r/\omega}$$

$$= \frac{\alpha\pi + 2[\alpha\arcsin\alpha - 1 + \sqrt{1-\alpha^2}]}{2\pi - 2} \tag{2-7}$$

正弦剩余面积率 $p_{\sin}$ 和矩形浪费面积率 $p_{\text{rectangle}}$ 与 α 的关系如图 2-5 所示。

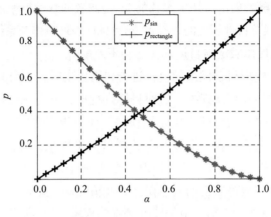

图 2-5 p 与 α 的关系

由图 2-5 可知,因为 $\alpha \in [0,1]$,$p_{\sin}$ 和 $p_{\text{rectangle}}$ 均属于 $[0,1]$。$p_{\sin}$ 与 α 成反比,$p_{\text{rectangle}}$ 与 α 成正比。而这两个指标均越小越好,故它们是一对相互矛盾的指标。

理想情况下,$p_{\sin}=0$,$p_{\text{rectangle}}=0$,但这不可能实现。通常若满足指标上限 β 和 γ,即 $p_{\sin} \leq \beta$,$p_{\text{rectangle}} \leq \gamma$,则认为满足要求。此时根据式(2-5)和式(2-7),可得到 α 的两个取值区间,分别记为 $[\alpha_\beta, 1]$ 和 $[0, \alpha_\gamma]$。若 $\alpha_\beta \leq \alpha_\gamma$,即两个区间有交集,此时令 $\alpha = \alpha_\beta$;若 $\alpha_\beta > \alpha_\gamma$,即两个区间没有交集,此时令 $\alpha = \alpha_\gamma$。也就是说两个指标之间相比,正弦剩余面积率 $p_{\sin}$ 优先级更高,总以 $p_{\sin}$ 最小为 α 取值的标准。

2.2.4 自适应射击窗的物理意义

因为高炮发射的弹丸需要经过一段时间的飞行,才能到达目标的预测未来点,所以在该时间段内对目标的运动规律假定是否与目标的真实飞行轨迹一致是影响目标预测未来点精度的关键因素。下面分析可能会出现的两种情况:

1. 目标运动规律假定与目标真实运动相匹配

例如,目标做直线俯冲或匀速直线运动时,目标预测未来点与其航路提前点相重合,若对目标进行集火射击,则其弹丸散布中心与目标提前点也重合,即系统误差为零;而进行未来空域窗射击时,各弹丸散布中心均匀分布在以目标预测未来点为圆心的圆周或椭圆周上,则它们的系统误差均不为零,并且随着射击窗技术参数的变大,系统误差也随之变大。也就是说,进行未来空域窗射击比进行集火射击的系统误差要大。则在其他误差(均是随机误差,可叠加,且叠加后仍为随机误差,下同)特性相同的条件下,集火射击对目标的毁歼概率要优于未来空域窗射击,并且随着射击窗技术参数的变大,两者的毁歼概率差值也随之扩大。这是因为在其他误差特性不变的条件下,对目标的毁歼概率与系统误差成反比。

2. 目标运动规律假定与目标真实运动不匹配

例如,对处于蛇形机动模式的目标进行包络射击时,会存在目标运动假定误差,可以将该误差视作系统误差。若对目标进行集火射击,则其弹丸散布中心与目标预测未来点不再重合,即产生系统误差。而由于未来空域窗射击弹丸散布中心的分布特性,其系统误差会变小。这样就会出现集火射击的系统误差比未来空域窗射击系统误差大或相等的情况。在两种射击方式系统误差相等且较大的情况下,若未来空域窗射击的其他误差特性精度低于集火射击,则会出现未来空域窗射击毁歼概率大于集火射击毁歼概率的现象。原因就是当系统误差较大时,其他误差较大者对应的毁歼概率,反而比较小者对应的毁歼概率要高;若集火射击的系统误差比未来空域窗射击系统误差大,在其他误差特性相同的条件下,未来空域窗射击对目标的毁歼概率要优于集火射击。原因是在其他误差特性不变的条件下,对目标的毁歼概率与系统误差成反比[59]。

综上所述,未来空域窗射击的毁歼概率要优于集火射击,需满足未来空域窗射击的系统误差要小于集火射击的系统误差。集火射击的系统误差大小由目标运动特性决定,而未来空域窗射击的系统误差由射击窗技术参数和目标运动特性共同决定,则上述条件等价为:解决射击窗技术参数与目标运动特性的匹配关系问题,即如何根据目标运动特性,计算最合适的射击窗技术参数,使未来空域窗射击的毁歼概率优于集火射击。这就引出了射击窗技术参数自适应计算的问题,也是自适应射击窗的物理意义。

2.3 自适应射击窗的构造

采用自适应射击窗技术拦截目标,可以扩大弹丸的有效散布区域,但同时,也要避免出现在射击窗中心区域弹丸稀疏的问题,否则会降低毁歼通过射击窗中心区域内目标的概率,故需保证射击窗中心区域的平坦性,即自适应射击窗的构造问题。为解决此问题,本节在分析单层射击窗如何保持平坦性的基础上,对多层射击窗配置下如何使之保持平坦性进行了理论证明与仿真分析。

2.3.1 单层射击窗

参考文献[27]已经对单层圆形或椭圆形射击窗的平坦性进行了证明,内容包括平坦性的定义、详细推导过程等,并得到了如下结论:

在预测迎弹面内 $m(m \geqslant 3)$ 个弹丸散布中心 $\overline{X}_i, i=1,2,\cdots,m$ 的弹丸散布误差呈高斯分布,方差设为 $\Sigma = \mathrm{diag}(\sigma_x^2, \sigma_y^2)$。若将发射的弹丸平均分配到每个弹丸散布中心上,且 m 个弹丸散布中心均匀配置在曲线 $\|\Sigma^{-1/2}X\| = r$ 上,即

$$\overline{X}_i = (\bar{x}_i \quad \bar{y}_i)^\mathrm{T} = \left(r\sigma_x \cos\frac{2\pi}{m}i \quad r\sigma_y \sin\frac{2\pi}{m}i\right)^\mathrm{T} = \left(r_a \cos\frac{2\pi}{m}i \quad r_b \sin\frac{2\pi}{m}i\right)^\mathrm{T} \quad (2-8)$$

则当 $r = \sqrt{2}$,即 $r_a = \sqrt{2}\sigma_x, r_b = \sqrt{2}\sigma_y$ 时,可构成一个在弹丸配置中心区域保持平坦性的未来空域窗。

2.3.2 多层射击窗

未来空域窗内的弹丸散布中心有两种配置形式:一是绕单层圆或椭圆均匀分布,二是绕多层圆或椭圆均匀分布。第一种情况下的平坦性问题已在参考文献[27]中证明,本节对第二种情况下的平坦性问题进行推导。借鉴相关文献的证明思路,先证明多层圆形射击窗的平坦性,再证明多层椭圆射击窗的平坦性。下面分各层弹丸散布误差大小一致和不一致两种条件进行研究。

1. 各层弹丸散布误差大小一致

定理1:假设在预测迎弹面内各散布圆上弹丸呈独立二维高斯散布,散布误差均方差为 $\sigma_i^x = \sigma_i^y = \sigma$,$\sum_{i=1}^{m} n_i$ 个弹丸散布中心 $\overline{X}_{i,l}$ 沿 $\|X\| = r_i$ 均匀配置,如图2-6所示。

$$\overline{X}_{i,l} = (\bar{x}_{i,l} \quad \bar{y}_{i,l})^\mathrm{T} = (r_i \cos(2\pi l/n_i) \quad r_i \sin(2\pi l/n_i))^\mathrm{T} \quad (2-9)$$

式中:$i = 1,2,\cdots,m$,m 是散布圆层数;$l = 1,2,\cdots,n_i$,n_i 是第 i 个散布圆上弹丸散布中心个数;r_i 是第 i 个散布圆技术参数。若对每个 $\overline{X}_{i,l}$ 所发射的弹丸数相等,则保持多层射击窗平坦性的条件是 $n_i \geqslant 3$,且

$$\left[\sum_{i=1}^{m} r_i^2 \exp\left(-\frac{r_i^2}{2\sigma^2}\right)\right] \Big/ \left[\sum_{i=1}^{m} \exp\left(-\frac{r_i^2}{2\sigma^2}\right)\right] = 2\sigma^2 \quad (2-10)$$

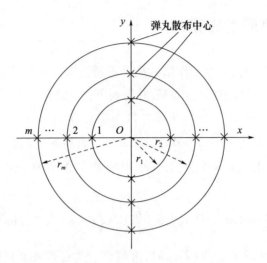

图 2-6 散布中心示意图

证明：基于定理假设，弹丸综合散布密度 $f(x,y)$ 为

$$f(x,y) = \frac{1}{\sum_{i=1}^{m} n_i} \sum_{i=1}^{m} \sum_{l=1}^{n_i} \frac{1}{2\pi\sigma^2} \exp\left[-\frac{1}{2\sigma^2}\left(\left(x - r_i\cos\frac{2\pi}{n_i}l\right)^2 + \left(y - r_i\sin\frac{2\pi}{n_i}l\right)^2\right)\right]$$

(2-11)

根据参考文献[27]可知，若有式(2-12)成立，则表示综合弹丸散布密度 $f(x,y)$ 在 $(0,0)$ 点是平坦的。

$$k_p(0,0) = \frac{\partial^2 f(0,0)}{\partial p^2} = \left[\frac{\partial^2 f(0,0)}{\partial x^2} \frac{\partial^2 f(0,0)}{\partial x \partial y} \frac{\partial^2 f(0,0)}{\partial y \partial x} \frac{\partial^2 f(0,0)}{\partial y^2}\right] = 0$$

(2-12)

对式(2-11)展开偏导函数得

$$\frac{\partial f(x,y)}{\partial x} = \sum_{i=1}^{m} \left(\frac{1}{2\pi\sigma^2 \sum_{i=1}^{m} n_i} \sum_{l=1}^{n_i} \frac{-\left(x - r_i\cos\frac{2\pi}{n_i}l\right)}{\sigma^2} \exp\left\{-\frac{1}{2\sigma^2}\left[\left(x - r_i\cos\frac{2\pi}{n_i}l\right)^2 + \left(y - r_i\sin\frac{2\pi}{n_i}l\right)^2\right]\right\}\right)$$

(2-13)

$$\frac{\partial f(x,y)}{\partial y} = \sum_{i=1}^{m}\left(\frac{1}{2\pi\sigma^2 \sum\limits_{i=1}^{m} n_i} \sum_{l=1}^{n_i} \frac{-\left(y - r_i\sin\frac{2\pi}{n_i}l\right)}{\sigma^2}\exp\right.$$

$$\left.\left\{-\frac{1}{2\sigma^2}\left[\left(x - r_i\cos\frac{2\pi}{n_i}l\right)^2 + \left(y - r_i\sin\frac{2\pi}{n_i}l\right)^2\right]\right\}\right) \quad (2-14)$$

$$\frac{\partial^2 f(x,y)}{\partial x^2} = \sum_{i=1}^{m}\left(\frac{1}{2\pi\sigma^2 \sum\limits_{i=1}^{m} n_i} \sum_{l=1}^{n_i} \frac{\left(x - r_i\cos\frac{2\pi}{n_i}l\right)^2 - \sigma^2}{\sigma^4}\exp\right.$$

$$\left.\left\{-\frac{1}{2\sigma^2}\left[\left(x - r_i\cos\frac{2\pi}{n_i}l\right)^2 + \left(y - r_i\sin\frac{2\pi}{n_i}l\right)^2\right]\right\}\right)$$

$$(2-15)$$

$$\frac{\partial^2 f(x,y)}{\partial y^2} = \sum_{i=1}^{m}\left(\frac{1}{2\pi\sigma^2 \sum\limits_{i=1}^{m} n_i} \sum_{l=1}^{n_i} \frac{\left(y - r_i\sin\frac{2\pi}{n_i}l\right)^2 - \sigma^2}{\sigma^4}\exp\right.$$

$$\left.\left\{-\frac{1}{2\sigma^2}\left[\left(x - r_i\cos\frac{2\pi}{n_i}l\right)^2 + \left(y - r_i\sin\frac{2\pi}{n_i}l\right)^2\right]\right\}\right)$$

$$(2-16)$$

$$\frac{\partial^2 f(x,y)}{\partial x \partial y} = \sum_{i=1}^{m}\left(\frac{1}{2\pi\sigma^2 \sum\limits_{i=1}^{m} n_i} \sum_{l=1}^{n_i} \frac{\left(x - r_i\cos\frac{2\pi}{n_i}l\right)\left(y - r_i\sin\frac{2\pi}{n_i}l\right)}{\sigma^4}\exp\right.$$

$$\left.\left\{-\frac{1}{2\sigma^2}\left[\left(x - r_i\cos\frac{2\pi}{n_i}l\right)^2 + \left(y - r_i\sin\frac{2\pi}{n_i}l\right)^2\right]\right\}\right) \quad (2-17)$$

$$\frac{\partial^2 f(x,y)}{\partial y \partial x} = \frac{\partial^2 f(x,y)}{\partial x \partial y} \quad (2-18)$$

根据公式 $2\cos^2 x = 1 + \cos(2x)$, $2\sin^2 x = 1 - \cos(2x)$, $2\sin x \cdot \cos x = \sin(2x)$, 在 $(0,0)$ 点,有

$$\frac{\partial^2 f(0,0)}{\partial x^2} = \sum_{i=1}^{m}\left(\frac{1}{2\pi\sigma^2 \sum_{i=1}^{m} n_i}\sum_{l=1}^{n_i}\frac{r_i^2 \cos^2\left(\frac{2\pi}{n_i}l\right)-\sigma^2}{\sigma^4}\exp\left(-\frac{r_i^2}{2\sigma^2}\right)\right)$$

$$= \sum_{i=1}^{m}\left(\frac{1}{2\pi\sigma^2 \sum_{i=1}^{m} n_i}\sum_{l=1}^{n_i}\frac{r_i^2 - 2\sigma^2}{2\sigma^4}\exp\left(-\frac{r_i^2}{2\sigma^2}\right)\right) +$$

$$\sum_{i=1}^{m}\left(\frac{1}{2\pi\sigma^2 \sum_{i=1}^{m} n_i}\sum_{l=1}^{n_i}\frac{r_i^2 \cos\left(\frac{4\pi}{n_i}l\right)}{2\sigma^4}\exp\left(-\frac{r_i^2}{2\sigma^2}\right)\right) \quad (2-19)$$

当 $n_i \geq 3$ 时,式(2-19)中 $\sum_{l=1}^{n_i}\cos(4\pi l/n_i)=0$;令 $g = \sum_{i=1}^{m}(r_i^2-2\sigma^2)/2\sigma^4 \cdot \exp(-r_i^2/(2\sigma^2))$,若 $g=0$,则式(2-19)等于零。对 g 展开可得

$$g = \frac{1}{2\sigma^4}\left\{\sum_{i=1}^{m}r_i^2\exp\left(-\frac{r_i^2}{2\sigma^2}\right) - 2\sigma^2\sum_{i=1}^{m}\exp\left(-\frac{r_i^2}{2\sigma^2}\right)\right\} = 0 \quad (2-20)$$

即

$$\frac{\sum_{i=1}^{m}r_i^2\exp(-r_i^2/(2\sigma^2))}{\sum_{i=1}^{m}\exp(-r_i^2/(2\sigma^2))} = 2\sigma^2$$

$$\frac{\partial^2 f(0,0)}{\partial y^2} = \sum_{i=1}^{m}\left(\frac{1}{2\pi\sigma^2 \sum_{i=1}^{m} n_i}\sum_{l=1}^{n_i}\frac{r_i^2 \sin^2\left(\frac{2\pi}{n_i}l\right)-\sigma^2}{\sigma^4}\exp\left(-\frac{r_i^2}{2\sigma^2}\right)\right)$$

$$= \sum_{i=1}^{m}\left(\frac{1}{2\pi\sigma^2 \sum_{i=1}^{m} n_i}\sum_{l=1}^{n_i}\frac{r_i^2 - 2\sigma^2}{2\sigma^4}\exp\left(-\frac{r_i^2}{2\sigma^2}\right)\right) -$$

$$\sum_{i=1}^{m}\left(\frac{1}{2\pi\sigma^2 \sum_{i=1}^{m} n_i}\sum_{l=1}^{n_i}\frac{r_i^2 \cos\left(\frac{4\pi}{n_i}l\right)}{2\sigma^4}\exp\left(-\frac{r_i^2}{2\sigma^2}\right)\right) \quad (2-21)$$

根据式(2-19)可知,$\frac{\partial^2 f(0,0)}{\partial y^2}=0$ 的条件为

$$\frac{\sum_{i=1}^{m}r_i^2\exp(-r_i^2/(2\sigma^2))}{\sum_{i=1}^{m}\exp(-r_i^2/(2\sigma^2))} = 2\sigma^2$$

$$\frac{\partial^2 f(0,0)}{\partial x \partial y} = \frac{\partial^2 f(0,0)}{\partial y \partial x} = \sum_{i=1}^{m} \left(\frac{1}{2\pi\sigma^2 \sum_{i=1}^{m} n_i} \sum_{l=1}^{n_i} \frac{r_i^2 \sin\left(\frac{4\pi}{n_i}l\right)}{2\sigma^4} \exp\left(-\frac{r_i^2}{2\sigma^2}\right) \right)$$

(2-22)

在 $n_i \geq 3$ 时,式(2-22)中 $\sum_{l=1}^{n_i} \sin((4\pi l)/n_i) = 0$,则 $\frac{\partial^2 f(0,0)}{\partial x \partial y} = \frac{\partial^2 f(0,0)}{\partial y \partial x} = 0$。

综上,式(2-12)成立,即表示弹丸综合散布密度 $f(x,y)$ 在 $(0,0)$ 点是平坦的。此时,$f(0,0) = \sum_{i=1}^{m}\left(n_i \Big/ \sum_{i=1}^{m} n_i\right) \Big/ (2\pi e \sigma^2)$。证毕。

当 $\sigma=1$ 时,式(2-10)变为 $\left[\sum_{i=1}^{m} r_i^2 \exp(-r_i^2/2)\right] \Big/ \left[\sum_{i=1}^{m} \exp(-r_i^2/2)\right] = 2$,此即参考文献[60]中式(4)。这表明参考文献[60]中式(4)是本式的特例。

若弹丸散布中心均匀分布在椭圆周上,且假设弹丸散布误差均方差分别为 $\sigma^x = \sigma, \sigma^y = \alpha\sigma, \alpha > 0$,则散布误差方差为 $\boldsymbol{\Sigma}_\alpha = \sigma^2 \mathrm{diag}(1, \alpha^2)$。可知定理1仍成立,条件变为 $n_i \geq 3, r_i^x / r_i^y = \sigma^x / \sigma^y$,$\left[\sum_{i=1}^{m} r_i^x r_i^y \exp\left(-\frac{r_i^x r_i^y}{2\sigma^x \sigma^y}\right)\right] \Big/ \left[\sum_{i=1}^{m} \exp\left(-\frac{r_i^x r_i^y}{2\sigma^x \sigma^y}\right)\right] = 2\sigma^x \sigma^y$。

综上所述,在各层弹丸散布误差大小一致时,只要满足条件:$n_i \geq 3, r_i^x / r_i^y = \sigma^x / \sigma^y$,$\left[\sum_{i=1}^{m} r_i^x r_i^y \exp\left(-\frac{r_i^x r_i^y}{2\sigma^x \sigma^y}\right)\right] \Big/ \left[\sum_{i=1}^{m} \exp\left(-\frac{r_i^x r_i^y}{2\sigma^x \sigma^y}\right)\right] = 2\sigma^x \sigma^y$,则多层圆形或椭圆形射击窗均是平坦的。

为简便并不失一般性,取 $m=2$ 及 $\sigma=1$,即选择两层圆形射击窗分析其技术参数 r_1 与 r_2 之间的关系。

此时,有 $[r_1^2 \exp(-r_1^2/2) + r_2^2 \exp(-r_2^2/2)]/[\exp(-r_1^2/2) + \exp(-r_2^2/2)] = 2$ 成立,对其进行化简,可得

$$(r_2^2 - 2)\exp(-r_2^2/2) = (2 - r_1^2)\exp(-r_1^2/2) \tag{2-23}$$

令 $f(r_1) = (2 - r_1^2)\exp(-r_1^2/2), f(r_2) = (r_2^2 - 2)\exp(-r_2^2/2)$。

如图2-7所示,实线是 $f(r_2)$ 与 r_2 的函数曲线,虚线是 $f(r_1)$ 与 r_1 的函数曲线,右上角小图是两条曲线的局部放大图。可以看出,$f(r_1) \in [-0.2707, 2]$,

$f(r_2) \in [-2, 0.2707]$。根据图2-7以及$r_2 > r_1 \geq 0$，下面分析满足$f(r_2) = f(r_1)$时r_1与r_2的关系。

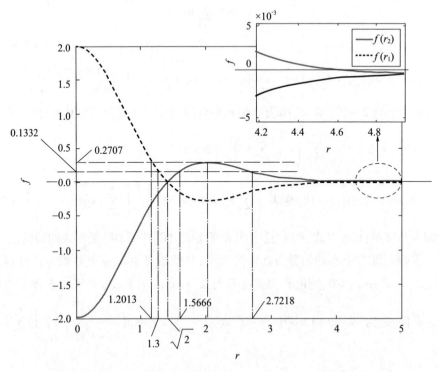

图2-7 f与r的关系示意图

(1)$r_1 \in [0, 1.2013)$时，$f(r_1) \in (0.2707, 2]$，故$f(r_2) = f(r_1)$，$\forall r_2$均不成立，即式(2-23)不成立。

(2)$r_1 = 1.2013$时，$f(r_1) = 0.2707$，故当$r_2 = 2$时，$f(r_2) = f(r_1)$，式(2-23)成立。

(3)$r_1 \in (1.2013, \sqrt{2})$时，$f(r_1) \in (0, 0.2707)$，故$\exists r_2^1, r_2^2$使得$f(r_2^i) = f(r_1)$成立。以$r_1 = 1.3$为例，此时$r_2^1 = 1.5666, r_2^2 = 2.7218, f(r_2^i) = 0.1332 = f(r_1)$，$i = 1, 2$，即式(2-23)成立。

(4)$r_1 = \sqrt{2}$时，$f(r_1) = 0$，当$r_2 = \sqrt{2}$时，$f(r_2) = f(r_1)$，此时式(2-23)成立，但实际上是一个圆，即$m = 1$。故严格意义上，此时不满足条件，另外，还可以看出，当$r_2 \to \infty$时，r_1趋近于$\sqrt{2}$(此时等价于一个散布圆)。

综上，r_1的取值区间为$r_1 \in [1.2013\sigma, \sqrt{2}\sigma]$，此时才有与之对应的$r_2$存在。

下面分别给出一种两层圆形射击窗、两层椭圆形射击窗、三层圆形射击窗和两层非平坦圆形射击窗配置下弹丸综合散布密度曲线图。

仿真条件：

两层圆形射击窗：$\sigma=1, n_1=n_2=6, r_1=1.3, r_2=1.5666$

两层椭圆形射击窗：$\alpha=1.5, \sigma^x=1, \sigma^y=\alpha, n_1=n_2=6, r_1^x=1.3, r_1^y=1.3\alpha, r_2^x=1.5666, r_2^y=1.5666\alpha$

三层圆形射击窗：$\sigma=1, n_1=n_2=n_3=6, r_1=1.3, r_2=2.5, r_3=2.99$

两层非平坦圆形射击窗：$\sigma=1, n_1=n_2=6, r_1=2, r_2=8$

散布误差大小一致的弹丸综合散布密度如图 2-8 所示。

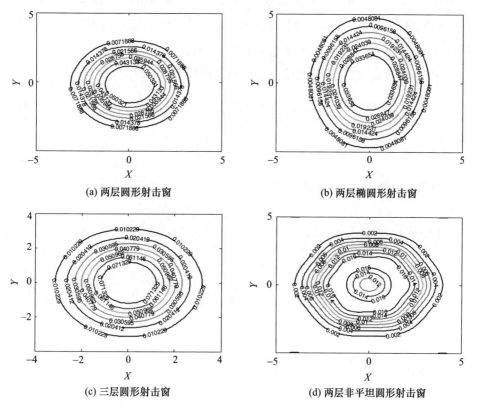

(a) 两层圆形射击窗　　　　　(b) 两层椭圆形射击窗

(c) 三层圆形射击窗　　　　　(d) 两层非平坦圆形射击窗

图 2-8　散布误差大小一致的弹丸综合散布密度

结果分析：

从图 2-8 中图(a)、(b)、(c)可以看出，无论是圆形射击窗还是椭圆形射击窗，其弹丸综合散布密度在原点周围并没有降低，即保持了平坦性，这是由于这三组仿真条件均满足射击窗平坦的条件;而图(d)中的弹丸综合散布密度在原点周围出现凹陷,说明此时是不平坦的,原因是其仿真条件未满足平坦性的条件。这说明定理1正确。

2. 各层弹丸散布误差大小不一致

定理2:假设在预测迎弹面内各散布圆上弹丸呈独立二维高斯散布,散布误差均方差为 $\sigma_i^x = \sigma_i^y = \sigma_i$,$\sum_{i=1}^{m} n_i$ 个弹丸散布中心 $\overline{X}_{i,l}$ 沿 $\|X\| = r_i$ 均匀配置,见图2-6。

$$\overline{X}_{i,l} = (\bar{x}_{i,l} \quad \bar{y}_{i,l})^T = (r_i\cos(2\pi l/n_i) \quad r_i\sin(2\pi l/n_i))^T \quad (2-24)$$

式中:$i = 1,2,\cdots,m$,m 是散布圆层数;$l = 1,2,\cdots,n_i$,n_i 是第 i 个散布圆上弹丸散布中心个数;r_i 是第 i 个散布圆技术参数。若对每个 $\overline{X}_{i,l}$ 所发射的弹丸数相等,则保持多层射击窗平坦性的条件是 $n_i \geq 3$,$r_i = \sqrt{2}\sigma_i$。

证明:基于定理假设,弹丸综合散布密度可写为

$$f(x,y) = \frac{1}{\sum_{i=1}^{m} n_i} \sum_{i=1}^{m} \sum_{l=1}^{n_i} \frac{1}{2\pi\sigma_i^2}\exp\left[-\frac{1}{2\sigma_i^2}\left(\left(x - r_i\cos\frac{2\pi}{n_i}l\right)^2 + \left(y - r_i\sin\frac{2\pi}{n_i}l\right)^2\right)\right]$$

$$(2-25)$$

对式(2-25)展开偏导函数得

$$\frac{\partial f(x,y)}{\partial x} = \sum_{i=1}^{m} \left(\frac{1}{2\pi\sigma_i^2 \sum_{i=1}^{m} n_i} \sum_{l=1}^{n_i} \frac{-\left(x - r_i\cos\frac{2\pi}{n_i}l\right)}{\sigma_i^2} \exp\left\{-\frac{1}{2\sigma_i^2}\left[\left(x - r_i\cos\frac{2\pi}{n_i}l\right)^2 + \left(y - r_i\sin\frac{2\pi}{n_i}l\right)^2\right]\right\} \right) \quad (2-26)$$

$$\frac{\partial f(x,y)}{\partial y} = \sum_{i=1}^{m} \left(\frac{1}{2\pi\sigma_i^2 \sum_{i=1}^{m} n_i} \sum_{l=1}^{n_i} \frac{-\left(y - r_i\sin\frac{2\pi}{n_i}l\right)}{\sigma_i^2} \exp\left\{-\frac{1}{2\sigma_i^2}\left[\left(x - r_i\cos\frac{2\pi}{n_i}l\right)^2 + \left(y - r_i\sin\frac{2\pi}{n_i}l\right)^2\right]\right\} \right) \quad (2-27)$$

$$\frac{\partial^2 f(x,y)}{\partial x^2} = \sum_{i=1}^{m}\left(\frac{1}{2\pi\sigma_i^2 \sum_{i=1}^{m} n_i} \sum_{l=1}^{n_i} \frac{\left(x - r_i\cos\frac{2\pi}{n_i}l\right)^2 - \sigma_i^2}{\sigma_i^4}\right.$$

$$\left.\exp\left\{-\frac{1}{2\sigma_i^2}\left[\left(x - r_i\cos\frac{2\pi}{n_i}l\right)^2 + \left(y - r_i\sin\frac{2\pi}{n_i}l\right)^2\right]\right\}\right) \quad (2-28)$$

$$\frac{\partial^2 f(x,y)}{\partial y^2} = \sum_{i=1}^{m}\left(\frac{1}{2\pi\sigma_i^2 \sum_{i=1}^{m} n_i} \sum_{l=1}^{n_i} \frac{\left(y - r_i\sin\frac{2\pi}{n_i}l\right)^2 - \sigma_i^2}{\sigma_i^4}\right.$$

$$\left.\exp\left\{-\frac{1}{2\sigma_i^2}\left[\left(x - r_i\cos\frac{2\pi}{n_i}l\right)^2 + \left(y - r_i\sin\frac{2\pi}{n_i}l\right)^2\right]\right\}\right) \quad (2-29)$$

$$\frac{\partial^2 f(x,y)}{\partial x \partial y} = \sum_{i=1}^{m}\left(\frac{1}{2\pi\sigma_i^2 \sum_{i=1}^{m} n_i} \sum_{l=1}^{n_i} \frac{\left(x - r_i\cos\frac{2\pi}{n_i}l\right)\left(y - r_i\sin\frac{2\pi}{n_i}l\right)}{\sigma_i^4}\right.$$

$$\left.\exp\left\{-\frac{1}{2\sigma_i^2}\left[\left(x - r_i\cos\frac{2\pi}{n_i}l\right)^2 + \left(y - r_i\sin\frac{2\pi}{n_i}l\right)^2\right]\right\}\right) \quad (2-30)$$

$$\frac{\partial^2 f(x,y)}{\partial y \partial x} = \frac{\partial^2 f(x,y)}{\partial x \partial y} \quad (2-31)$$

在(0,0)点,利用公式 $2\cos^2 x = 1 + \cos(2x)$,有

$$\frac{\partial^2 f(0,0)}{\partial x^2} = \sum_{i=1}^{m}\left(\frac{1}{2\pi\sigma_i^2 \sum_{i=1}^{m} n_i} \sum_{l=1}^{n_i} \frac{r_i^2\cos^2\left(\frac{2\pi}{n_i}l\right) - \sigma_i^2}{\sigma_i^4}\exp\left(-\frac{r_i^2}{2\sigma_i^2}\right)\right)$$

$$= \sum_{i=1}^{m}\left(\frac{1}{2\pi\sigma_i^2 \sum_{i=1}^{m} n_i} \sum_{l=1}^{n_i} \frac{r_i^2 - 2\sigma_i^2}{2\sigma_i^4}\exp\left(-\frac{r_i^2}{2\sigma_i^2}\right)\right) +$$

$$\sum_{i=1}^{m}\left(\frac{1}{2\pi\sigma_i^2 \sum_{i=1}^{m} n_i} \sum_{l=1}^{n_i} \frac{r_i^2\cos\left(\frac{4\pi}{n_i}l\right)}{2\sigma_i^4}\exp\left(-\frac{r_i^2}{2\sigma_i^2}\right)\right) \quad (2-32)$$

当 $r_i = \sqrt{2}\sigma_i$ 时,式(2-32)中 $\sum_{i=1}^{m}\left(\dfrac{1}{2\pi\sigma_i^2 \sum_{i=1}^{m} n_i} \sum_{l=1}^{n_i} \dfrac{r_i^2 - 2\sigma_i^2}{2\sigma_i^4} \exp(-r_i^2/(2\sigma_i^2))\right) = 0$,

则 $\dfrac{\partial^2 f(0,0)}{\partial x^2} = \sum_{i=1}^{m}\left(\dfrac{\exp(-1)}{2\pi\sigma_i^4 \sum_{i=1}^{m} n_i} \sum_{l=1}^{n_i} \cos((4\pi l)/n_i)\right)$。可知,当 $n_i \geq 3$ 时,

$\sum_{l=1}^{n_i} \cos((4\pi l)/n_i) = 0$,故当 $n_i \geq 3, r_i = \sqrt{2}\sigma_i$ 时,$\dfrac{\partial^2 f(0,0)}{\partial x^2} = 0$。

同理,经过计算可知,当 $n_i \geq 3, r_i = \sqrt{2}\sigma_i$ 时,$\dfrac{\partial^2 f(0,0)}{\partial x \partial y} = \dfrac{\partial^2 f(0,0)}{\partial y \partial x} = 0$,$\dfrac{\partial^2 f(0,0)}{\partial y^2} = 0$。

综上,式(2-12)成立,这表示弹丸综合散布密度 $f(x,y)$ 在(0,0)点是平坦的。此时,$f(0,0) = \sum_{i=1}^{m}\left(n_i \bigg/ \sum_{i=1}^{m} n_i\right) \bigg/ (2\pi e \sigma_i^2)$。证毕。

当 $m = 1, \sigma = 1, r = \sqrt{2}$ 时,此证明过程就简化为参考文献[27]中定理2.2.1。这表明定理2.2.1是本书的特例,本书扩展了其结果。

若弹丸散布中心均匀分布在椭圆周上,并且弹丸散布误差均方差分别为 $\sigma_i^x = \sigma_i, \sigma_i^y = \beta_i \sigma_i, \beta_i > 0$,则散布误差方差可表示为 $\boldsymbol{\Sigma}_{\beta i} = \sigma_i^2 \mathrm{diag}(1, \beta_i^2)$。根据参考文献[3]可知,定理2仍成立,但需要满足的条件变为:$n_i \geq 3, r_i^x = \sqrt{2}\sigma_i^x, r_i^y = \sqrt{2}\sigma_i^y$。此时,有公式 $f(0,0) = \sum_{i=1}^{m}\left(n_i \bigg/ \sum_{i=1}^{m} n_i\right) \bigg/ (2\pi e \sqrt{|\boldsymbol{\Sigma}_{\beta i}|})$。

综上所述,在各层弹丸散布误差大小不一致时,只要满足条件:$n_i \geq 3, r_i^x = \sqrt{2}\sigma_i^x, r_i^y = \sqrt{2}\sigma_i^y$,则多层圆形或椭圆形射击窗均是平坦的。

下面分别给出一种两层圆形射击窗、两层椭圆形射击窗、三层圆形射击窗和两层非平坦圆形射击窗配置下弹丸综合散布密度曲线图。

仿真条件:

两层圆形射击窗:$n_1 = n_2 = 6, r_1 = 2\sqrt{3}, r_2 = 3\sqrt{2}, \sigma_1 = \sqrt{6}, \sigma_2 = 3$

两层椭圆形射击窗:$n_1 = n_2 = 6, r_1^x = 2\sqrt{3}, r_1^y = 6, r_2^x = 3\sqrt{2}, r_2^y = 3\sqrt{10}, \sigma_1^x = \sqrt{6}, \sigma_1^y = 3\sqrt{2}, \sigma_2^x = 3, \sigma_2^y = 3\sqrt{5}$

三层圆形射击窗:$n_1 = n_2 = n_3 = 6, r_1 = 2\sqrt{3}, r_2 = 3\sqrt{2}, r_3 = 4\sqrt{2}, \sigma_1 = \sqrt{6}, \sigma_2 = 3,$

$\sigma_3 = 4$

两层非平坦圆形射击窗：$n_1 = n_2 = 6, r_1 = 2\sqrt{3}, r_2 = 3\sqrt{2}, \sigma_1 = \sqrt{3}, \sigma_2 = \sqrt{6}$ 散布误差大小不一致的弹丸综合散布密度如图 2-9 所示。

结果分析：

从图 2-9 中图(a)、(b)、(c)可以看出，无论是圆形射击窗还是椭圆形射击窗，其弹丸综合散布密度在原点周围并没有降低，即保持了平坦性，这是由于这三组仿真条件均满足射击窗平坦的条件；而图(d)中的弹丸综合散布密度在原点周围出现凹陷，此时是不平坦的，原因是其仿真条件未满足平坦性的条件，与定理 2 是一致的。

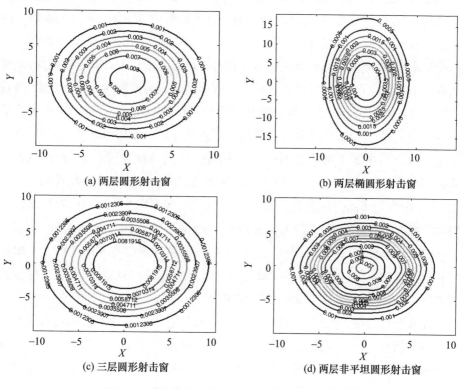

(a) 两层圆形射击窗　　(b) 两层椭圆形射击窗

(c) 三层圆形射击窗　　(d) 两层非平坦圆形射击窗

图 2-9　散布误差大小不一致的弹丸综合散布密度

2.4　自适应射击窗的毁伤效能

集火射击是目前高炮系统最常用也是最有效的射击方式，本节采用定性分析和定量计算相结合的方法，分别从函数凹凸性质角度和弹丸散布概率密度角度,分析在相同射击火力条件下集火射击和自适应射击窗方式的毁伤效能差异,为合理运用这两种射击方式提供理论依据。

2.4.1 函数凹凸性质分析

下面首先进行理论分析,其次利用仿真说明理论推导结论的正确性。

2.4.1.1 理论分析

参考文献[17]以数字化改造后的分布式高炮系统为研究对象,假定目标实际位置对理论命中点的误差为随机变量,并以匀速直线运动为例进行论述,得到主要结论:在相同前提下,带基线修正射击方式的命中概率优于不带基线修正的射击方式。实际上,带基线修正射击方式就是集火射击,其弹丸散布中心指向目标预测未来点;而不带基线修正射击方式与自适应射击窗方式有相似之处,即弹丸散布中心均存在有偏,区别在于后者的有偏性是人为控制的。也就是说,当目标实际位置对理论命中点的误差服从零均值高斯分布时,集火射击要优于自适应射击窗方式。但同时,从其仿真数据还可发现另外一个值得思考的现象:对比参考文献[17]中表1和表2数据,相同前提下,当目标位置误差均方差(Root Mean Squared Error, RMSE)变大时,两种射击方式整体命中概率差距在缩小。例如,表2中在相邻高炮间隔 $D_{BL}=30m$ 的前提下,当 RMSE = 3m 时,带基线修正射击方式与不带基线修正射击方式的整体命中概率之相对差值为$(0.5212-0.4652)/0.4652 \approx 12.04\%$;而当 RMSE = 4m 时,两种射击方式的整体命中概率之相对差值缩小为$(0.2898-0.2721)/0.2721 \approx 6.86\%$。这说明,随着目标位置误差均方差的变大,集火射击的优势在减小。

在实际环境中,常常存在目标运动未来点位置中心与理论命中点的误差服从非零均值高斯分布的情况,如目标作转弯运动,而火控系统作匀速直线运动规律假定,即存在目标运动规律假定误差时。故下面以目标运动未来点位置中心对理论命中点存在有偏的假定为前提,利用函数的凹凸性质,分析比较两个高炮武器单元射击时,集火射击方式与自适应射击窗方式(因为只有两个高炮武器单元进行射击,则此处分布式射击方式更为合适)的毁伤概率差异。

1. 相关数学理论

假设变量 $x \sim N(0, \sigma^2)$,则其概率密度函数为 $y = f(x) = \exp(-x^2/2\sigma^2)/\sqrt{2\pi}\sigma$。分别计算函数 y 对自变量 X 的一阶导数和二阶导数,可得

$$y' = (-x/\sigma^2)/(\sqrt{2\pi}\sigma)\exp(-0.5x^2/\sigma^2),$$
$$y'' = (-(x^2-\sigma^2)/\sigma^4)/(\sqrt{2\pi}\sigma)\exp(-0.5x^2/\sigma^2) \quad (2-33)$$

根据相关定理可得其单调性和凹凸性：

当 $x \in (-\infty, 0)$ 时，$y = f(x)$ 是单调递增函数；当 $x \in (0, +\infty)$ 时，$y = f(x)$ 是单调递减函数；当 $x \in (-\infty, -\sigma) \cup (\sigma, +\infty)$ 时，$y = f(x)$ 是凹函数，有公式 $f((x_1+x_2)/2) < [f(x_1)+f(x_2)]/2$ 成立；当 $x \in (-\sigma, \sigma)$ 时，$y = f(x)$ 是凸函数，有公式 $f((x_1+x_2)/2) > [f(x_1)+f(x_2)]/2$ 成立。

x_1、x_2 需同时位于凹函数段或凸函数段，才具有其各自的凹凸性质。若其中一点位于凸函数段，另外一点位于凹函数段，根据函数的对称性，不妨设 $0 \leq x_1 < \sigma < x_2$，通过仿真发现，对不同的函数 $y = f(x)$，会得到不同的结论，但对于函数 $y = f(x) = \exp(-x^2/2\sigma^2)/\sqrt{2\pi}\sigma$，有以下结论成立：

若 $(x_1+x_2)/2 < \sigma'$，则 $f((x_1+x_2)/2) > [f(x_1)+f(x_2)]/2$；

若 $(x_1+x_2)/2 > \sigma'$，则 $f((x_1+x_2)/2) < [f(x_1)+f(x_2)]/2$。

其中，$\sigma' > \sigma$，且 σ' 随 x_1 的不同而不同。

令 $ff = \{[f(x_1)+f(x_2)]/2 - f((x_1+x_2)/2)\} \cdot \sqrt{2\pi}\sigma$，则当 $(x_1+x_2)/2 = \sigma'$ 时，$ff = 0$。选择不同的 σ 和 x_1，验证上述结论的正确性，仿真结果如图 2-10 所示和表 2-1 所列。

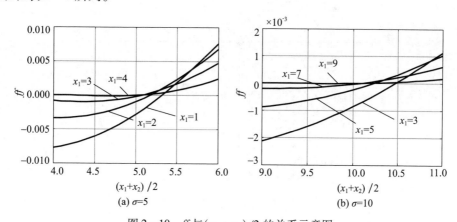

图 2-10 ff 与 $(x_1+x_2)/2$ 的关系示意图

表 2-1 不同 σ 和 x_1 的仿真结果

	$\sigma = 5$				$\sigma = 10$			
x_1	4	3	2	1	9	7	5	3
σ'	5.015	5.07	5.17	5.315	10.01	10.08	10.23	10.47

从仿真结果可以看出,$\sigma' > \sigma$,且 σ' 随 x_1 的减小而增大。

(1)定积分中值定理:若函数 $f(x)$ 在积分闭区间 $[a,b]$ 上连续,则在该区间 $[a,b]$ 上至少有一个点 ε,使 $\int_a^b f(x)\mathrm{d}x = f(\varepsilon)(b-a)$ $(a \leqslant \varepsilon \leqslant b)$ 成立。

(2)介值定理:设函数 $f(x)$ 在闭区间 $[a,b]$ 上连续,并且在区间的端点处取函数值 $f(a) = A$ 及 $f(b) = B, A \neq B$,那么对于 A 与 B 之间的任意一个数 C,在区间 (a,b) 内至少存在一点 ξ,使得 $f(\xi) = C(a < \xi < b)$。

(3)有界性与最大值最小值定理:在闭区间上连续的函数在该区间上有界且一定能取得它的最大值和最小值。

2. 基本定义

如图 2-11 所示,在预测迎弹面上以目标预测未来点 M_q 为原点,构建 $x_1 M_q x_2$ 直角坐标系。

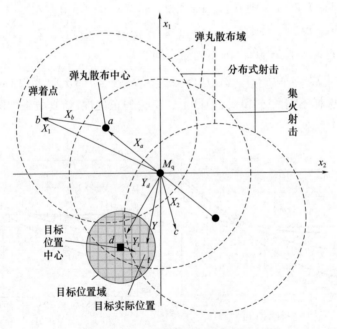

图 2-11　射击误差分析示意图

目标位置中心 d 对预测未来点 M_q 的误差为 $\boldsymbol{Y}_d = (x_{1d} \quad x_{2d})^\mathrm{T}$,目标实际位置 t 对目标位置中心 d 的误差为 $\boldsymbol{Y}_t = (x_{1t} \quad x_{2t})^\mathrm{T}$。假定 $\boldsymbol{Y}_d$、$\boldsymbol{Y}_t$ 均服从独立的二维高斯分布,$\boldsymbol{Y}_d \sim N(\boldsymbol{U}_d, \boldsymbol{\Sigma}_d)$,$\boldsymbol{Y}_t \sim N(0, \boldsymbol{\Sigma}_t)$,则目标实际位置 t 对预测未来点 M_q 的误差 $\boldsymbol{Y} = (x_{1y} \quad x_{2y})^\mathrm{T}$ 为

$$Y = Y_d + Y_t, Y \sim N(U_d, \Sigma_y), \Sigma_y = \Sigma_d + \Sigma_t \qquad (2-34)$$

集火射击时各高炮弹丸散布中心均指向目标预测未来点 M_q,则其射击误差,弹着点 C 对预测未来点 M_q 的误差 X_2 服从独立的二维高斯分布 $X_2 \sim N(0, \Sigma)$。

进行分布式射击时,人为地使弹丸散布中心有偏,弹丸散布中心 a 对预测未来点 M_q 的误差为 $X_a = (x_{1a} \quad x_{2a})^T$,弹丸的弹着点 b 对其弹丸散布中心 a 的误差为 $X_b = (x_{1b} \quad x_{2b})^T$。假定 X_a、X_b 均服从独立的二维高斯分布,$X_a \sim N(U_a, \Sigma_a)$,$X_b \sim N(0, \Sigma)$。则有射击误差,弹丸的弹着点 b 对预测未来点 M_q 的误差 X_1 为

$$X_1 = X_a + X_b, X_1 \sim N(U_a, \Sigma_1), \Sigma_1 = \Sigma_a + \Sigma \qquad (2-35)$$

记 F 为弹丸的散布概率密度,w 为毁伤目标平均需要命中弹丸数,目标在预测迎弹面上的投影区域为 Ω,若向目标发射 N 发弹丸,则其毁伤概率 $H_w(N)$ 为

$$H_w(N) = 1 - \left[1 - \left(\iint_\Omega F\mathrm{d}s/w\right)\right]^N \qquad (2-36)$$

根据式(2-36)可以看出,在相同前提下,决定集火射击和分布式射击毁伤概率大小的变量为弹丸散布概率密度 F,F 较大者,其毁伤概率大。故比较两种射击方式的毁伤概率大小时,可通过比较其各自的弹丸散布概率密度 F 来实现。

定理 3: 三个相互独立的一维随机变量 $Y_1 \sim N(\mu - u_1, \sigma^2)$,$Y_2 \sim N(\mu - u_2, \sigma^2)$,$Y_3 \sim N(\mu, \sigma^2)$ 且 $u_2 = -u_1$,$u_1 > 0$,则有

当 $0 \leqslant \mu < \sigma$ 时,$\forall u_1 \in (0, +\infty)$ 使概率密度函数值 $f_{Y1}(0) + f_{Y2}(0) < f_{Y3}(0)$;

当 $\mu > \sigma$ 时,$\exists u'$ 使得 $0 < u_1 < u'$ 条件下,概率密度函数值 $f_{Y1}(0) + f_{Y2}(0) > f_{Y3}(0)$。

证明: 令 $g(x) = \exp(-x^2/2\sigma^2)/\sqrt{2\pi}\sigma$,则 $g(x)$ 是连续函数。则有 $f_{Y1}(0) = g(\mu - u_1)$,$f_{Y2}(0) = g(\mu - u_2) = g(\mu + u_1)$,$f_{Y3}(0) = g(\mu)$。

步骤 1:当 $0 \leqslant \mu < \sigma$ 和 $0 < u_1 \leqslant \mu$ 时

因为 $0 \leqslant \mu - u_1 < \sigma$,根据其性质可得

$$g(\mu - u_1) + g(\mu + u_1) < 2g(\mu) \qquad (2-37)$$

步骤 2:当 $0 \leqslant \mu < \sigma$ 和 $\mu < u_1 < \mu + \sigma$ 时

因为 $\mu < u_1$,则 $\mu - u_1 < 0$。根据函数 $g(x)$ 的正态分布对称性可知,$g(u_1 - \mu) = g(\mu - u_1)$。当 $x \in (0, +\infty)$ 时,因为 $g(x)$ 单调递减,则 $g(u_1) < g(\mu)$。故 $g(\mu - u_1) + g(\mu + u_1) = g(u_1 - \mu) + g(u_1 + \mu) < 2g((u_1 - \mu + \mu + u_1)/2) = 2g(u_1) < 2g(\mu)$。

步骤 3:当 $0 \leqslant \mu < \sigma$ 和 $u_1 \geqslant \mu + \sigma$ 时

因为 $u_1-\mu\geq\sigma, u_1+\mu\geq\sigma$，则 $g(u_1-\mu)\leq g(\sigma), g(u_1+\mu)\leq g(\sigma)$，又因为 $\mu<\sigma$，则 $g(\sigma)<g(\mu)$。故 $g(\mu-u_1)+g(\mu+u_1)=g(u_1-\mu)+g(\mu+u_1)\leq 2g(\sigma)<2g(\mu)$。

通过步骤 1~3 的证明可知，当 $0\leq\mu<\sigma$ 时，$\forall u_1\in(0,+\infty)$，均有不等式 $f_{Y1}(0)+f_{Y2}(0)<f_{Y3}(0)$ 成立。

步骤 4：当 $\sigma<\mu<\sigma'$ 和 $0<u_1<\mu-\sigma$ 时

此时 $g(x)$ 为凹函数，据其性质可得 $g(\mu-u_1)+g(\mu+u_1)>2g(\mu)$

步骤 5：当 $\sigma<\mu<\sigma'$ 和 $\mu-\sigma<u_1\leq\mu$ 时

根据其性质可得 $g(\mu-u_1)+g(\mu+u_1)<2g(\mu)$

步骤 6：当 $\sigma<\mu<\sigma'$ 和 $\mu<u_1<\mu+\sigma$ 时

存在两种可能：

若 $u_1<\sigma', g(\mu-u_1)+g(\mu+u_1)=g(u_1-\mu)+g(\mu+u_1)<2g(u_1)<2g(\mu)$；

若 $u_1>\sigma', g(\mu-u_1)+g(\mu+u_1)=g(u_1-\mu)+g(\mu+u_1)>2g(u_1)$，此时无法确定其与 $g(\mu)$ 的大小关系。

步骤 7：当 $\sigma<\mu<\sigma'$ 和 $\mu+\sigma<u_1<2\mu$ 时

$g(\mu-u_1)+g(\mu+u_1)=g(u_1-\mu)+g(\mu+u_1)>2g(u_1)$，但无法确定其与 $g(\mu)$ 的大小关系。

步骤 8：当 $\sigma<\mu<\sigma'$ 和 $u_1\geq 2\mu$ 时

$g(\mu-u_1)+g(\mu+u_1)=g(u_1-\mu)+g(\mu+u_1)<2g(\mu)$

由前面的论述可知，σ' 随 x_1 的减小而增大，根据 u_1 与 x_1 之间的关系，可知 σ' 随 u_1 的减小而减小，要想确定 σ' 的大小，必须先确定 u_1 的范围。由步骤 4~8 及介值定理可以推出，使得 $g(\mu-u')+g(\mu+u')=2g(\mu)$ 成立的 u' 满足 $u'\in(0,\mu)$。则在步骤 5 中还可以对 u_1 进行细分，即存在 u_1 的一段区间，在该区间无法确定 $g(\mu-u_1)+g(\mu+u_1)$ 与 $2g(\mu)$ 的大小，且 u' 也正位于此区间段内。

步骤 9：当 $\mu>\sigma'$ 和 $0<u_1\leq\mu-\sigma$ 时

此时 $g(x)$ 为凹函数，据其性质可得 $g(\mu-u_1)+g(\mu+u_1)>2g(\mu)$。

步骤 10：当 $\mu>\sigma'$ 和 $\mu-\sigma<u_1\leq\mu$ 时

根据性质，$g(\mu-u_1)+g(\mu+u_1)>2g(\mu)$。

步骤 11：当 $\mu>\sigma'$ 和 $\mu<u_1<2\mu$ 时

$g(\mu-u_1)+g(\mu+u_1)=g(u_1-\mu)+g(\mu+u_1)>2g(u_1)$，但无法确定与 $g(\mu)$ 的大小关系。

步骤 12：当 $\mu>\sigma'$ 和 $u_1\geq 2\mu$ 时

因为 $u_1-\mu\geqslant\mu$,据单调递减性,$g(\mu-u_1)+g(\mu+u_1)=g(u_1-\mu)+g(\mu+u_1)<2g(\mu)$。

由步骤 10~12,并根据介值定理可知,$\exists u'\in(\mu,2\mu)$,使得 $g(\mu-u')+g(\mu+u')=2g(\mu)$。

综上步骤 4~12 可证,当 $\mu>\sigma$ 时,$\exists u'$ 使得 $0<u_1<u'$ 条件下,$f_{Y1}(0)+f_{Y2}(0)>f_{Y3}(0)$。

如图 2-12 所示,u' 的计算过程如下。

令:$g(\mu-u')=g(u'-\mu)=\exp(-(u'-\mu)^2/2\sigma^2)/\sqrt{2\pi}\sigma$,$g(\mu+u')=\exp(-(u'+\mu)^2/2\sigma^2)/\sqrt{2\pi}\sigma$,$g(\mu)=\exp(-\mu^2/2\sigma^2)/\sqrt{2\pi}\sigma$。则经化简有

$$\exp[-(u'-\mu)^2/(2\sigma^2)]+\exp[-(u'+\mu)^2/(2\sigma^2)]=2\exp[-\mu^2/(2\sigma^2)] \tag{2-38}$$

对式(2-38),其解析解不容易直接计算,可通过迭代法进行求解。

综上所述,命题成立,证毕。

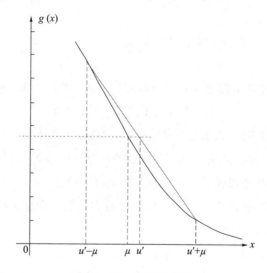

图 2-12　求解示意图

根据前面证明过程中的步骤 4~12,还隐含着另外一个问题:存在最优的 u_1,$0\leqslant u_1\leqslant u'$,使得 $g(\mu-u_1)+g(\mu+u_1)$ 最大。因为,当 $u_1=0$ 时,$g(\mu-u_1)+g(\mu+u_1)=2g(\mu)$;当 $u_1<u'$ 时,$g(\mu-u_1)+g(\mu+u_1)>2g(\mu)$;当 $u_1=u'$ 时,$g(\mu-u_1)+g(\mu+u_1)=2g(\mu)$。则根据有界性与最大值最小值定理可知,存在 u_{op} 满足条件,此值同样可通过迭代法计算。

因为高斯分布的概率密度函数无法积分,所以下面利用定积分中值定理与几何方法加以讨论,分析在长度一致不同区间上的概率密度 G。

在长度一致区间 $\Omega_1:[a,b]$ 和 $\Omega_2:[c,d]$ 上,且 $(b-a=d-c,c \geqslant 0, a \geqslant 0, a \neq c)$,有

$$\int_a^b g(x)\mathrm{d}x = g(\varepsilon_1)(b-a)\ (a \leqslant \varepsilon_1 \leqslant b), \int_c^d g(x)\mathrm{d}x = g(\varepsilon_2)(d-c)\ (c \leqslant \varepsilon_2 \leqslant d)$$

成立。若 $g(\varepsilon_1) > g(\varepsilon_2)$,则 $G_{\Omega 1}(x) > G_{\Omega 2}(x)$。可得如下结论:

在区间 Ω 上,当 $0 \leqslant \mu < \sigma$ 时,$\forall u_1 \in (0, +\infty)$ 使概率密度 $F_\Omega(Y_1) + F_\Omega(Y_2) < F_\Omega(Y_3)$;当 $\mu > \sigma$ 时,$\exists u''$ 使得 $0 < u_1 < u''$ 条件下,概率密度函数值 $F_\Omega(Y_1) + F_\Omega(Y_2) > F_\Omega(Y_3)$。要使 $u'' = u'$,需满足公式 $\varepsilon_1 = (a+b)/2$ 成立。

不失一般性,以上结论对独立二维随机变量同样适用。

3. 毁伤概率分析

根据第 2 节对集火射击和分布式射击误差与目标位置误差的分析及式(2-34)、式(2-35)可得:分布式射击时,第 i 个弹丸散布中心的弹着点 b 对目标实际位置的误差 $\mathbf{Z}_1^i(i=1,2)$ 为

$$\mathbf{Z}_1^i \sim N(\mathbf{U}_d - \mathbf{U}_a^i, \mathbf{\Sigma}_{z1}^i), \mathbf{\Sigma}_{z1}^i = \mathbf{\Sigma}_y + \mathbf{\Sigma} + \mathbf{\Sigma}_a^i \quad (2-39)$$

式中: $\mathbf{U}_a^1 = -\mathbf{U}_a^2$。

集火射击时弹丸的弹着点 c 对目标实际位置 t 的误差 $\mathbf{Z}_2$ 为

$$\mathbf{Z}_2 \sim N(\mathbf{U}_d, \mathbf{\Sigma}_{z2}), \mathbf{\Sigma}_{z2} = \mathbf{\Sigma}_y + \mathbf{\Sigma} \quad (2-40)$$

进行分布式射击时,人工使弹丸散布中心有偏,主要体现在 $\mathbf{U}_a^i$ 上,其误差均方差 $\mathbf{\Sigma}_a^i$ 理论值为零。虽然实际上由于各种误差的存在使得 $\mathbf{\Sigma}_a^i$ 不可能为零,但其值很小,可忽略不计。故假设式(2-39)和式(2-40)中的 $\mathbf{\Sigma}_{z1}^i(i=1,2)$ 和 $\mathbf{\Sigma}_{z2}$ 近似相等。

定理 3 中随机变量 Y_1、Y_2、Y_3 分别对应分布式射击和集火射击中的误差 $\mathbf{Z}_1^1$、$\mathbf{Z}_1^2$、$\mathbf{Z}_2$。故可得以下结论:

(1)对 $0 < \|\mathbf{U}_d\| < \|\mathbf{\Sigma}_z\|$,除 $\mathbf{U}_a^1$ 是零矩阵外,集火射击优于分布式射击。

(2)对 $\|\mathbf{U}_d\| > \|\mathbf{\Sigma}_z\|$,当 $0 < \|\mathbf{U}_a^1\| < \|\mathbf{U}'\|$ 时,分布式射击优于集火射击,且存在 $\mathbf{U}_a^1 = \mathbf{U}_{op}(\|\mathbf{U}_{op}\| < \|\mathbf{U}'\|)$,使得分布式射击毁伤概率最大;当 $\mathbf{U}_a^1 = \mathbf{U}'$ 时,分布式射击与集火射击效果一致;当 $\|\mathbf{U}_a^1\| > \|\mathbf{U}'\|$ 时,分布式射击不如集火射击,这是由于弹丸散布中心的人为有偏过大造成的。

使 $2(2\pi \det^{1/2} \mathbf{\Sigma}_{z2})^{-1} \exp\left(\frac{1}{2}\mathbf{U}_d^\mathrm{T} \mathbf{\Sigma}_{z2}^{-1} \mathbf{U}_d\right) = \sum_{i=1}^{2} [(2\pi\det^{1/2}\mathbf{\Sigma}_{z1}^i)^{-1}(\mathbf{\Sigma}_{z1}^i)^{-1}(\mathbf{U}_d - \mathbf{U}_a^i)]$ 成立的 $\mathbf{U}_a^1$ 即为 $\mathbf{U}'$,其可通过迭代法求解。

使 $\sum_{i=1}^{2} (2\pi \det^{1/2} \boldsymbol{\Sigma}_{z1}^{i})^{-1} \exp\left(\frac{1}{2}(\boldsymbol{U}_d - \boldsymbol{U}_a^i)^{\mathrm{T}} (\boldsymbol{\Sigma}_{z1}^{i})^{-1} (\boldsymbol{U}_d - \boldsymbol{U}_a^i)\right) = \max$ 成立的 $\boldsymbol{U}_a^1$ 即为 $\boldsymbol{U}_{\mathrm{op}}$。

(3) 当 $\boldsymbol{U}_a^i$ 为零矩阵时,分布式射击退化为集火射击。

2.4.1.2 仿真验证

下面分 u'、u_{op} 是否存在,$\boldsymbol{U}'$、$\boldsymbol{U}_{\mathrm{op}}$ 是否存在以及集火射击与分布式射击毁伤概率比较三方面进行仿真验证

1. u'、u_{op} 的存在性验证(一维)

通过仿真法分析在 $\mu > \sigma > 0$ 条件下,u'、u_{op} 是否存在以及证明过程的正确性。

令:$y_1(u_1) = \exp[-(u_1-\mu)^2/(2\sigma^2)] + \exp[-(u_1+\mu)^2/(2\sigma^2)] - 2\exp[-\mu^2/(2\sigma^2)]$

$y_2(u_1) = \{\exp[-(u_1-\mu)^2/(2\sigma^2)] + \exp[-(u_1+\mu)^2/(2\sigma^2)]\}/\sqrt{2\pi}\sigma$

仿真条件一:$\mu = 6, \sigma = 4$。

仿真结果如图 2-13 和图 2-14 所示,当 $u_1 = 9.72$ 时,$y_1(u_1) = 5.5 \times 10^{-5} \approx 0$,则 $u' = 9.72$。

当 $u_1 = 5.85$ 时,$y_2(u_1) = 0.1009 = \max\{y_2(u_1)\}$,则 $u_{\mathrm{op}} = 5.85$。此时,$\mu < u' < 2\mu$,对应定理 3 中 $\mu > \sigma'$ 的情形。这表明:u' 和 u_{op} 是唯一存在的。

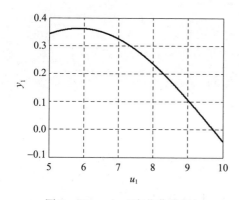

图 2-13 $y_1(u_1)$ 变化曲线(1)

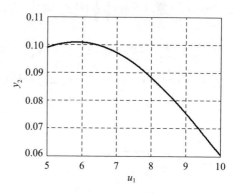

图 2-14 $y_2(u_1)$ 变化曲线(1)

仿真条件二:$\mu = 5.1, \sigma = 5$。

仿真结果如图 2-15 和图 2-16 所示,当 $u_1 = 2.44$ 时,$y_1(u_1) = 1.1 \times 10^{-5} \approx 0$,则 $u' = 2.44$;当 $u_1 = 1.71$ 时,$y_2(u_1) = 0.095 = \max\{y_2(u_1)\}$,则 $u_{\mathrm{op}} = 1.71$。

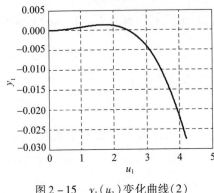

图 2-15 $y_1(u_1)$ 变化曲线(2)

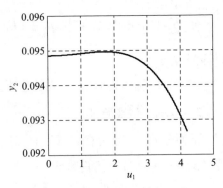

图 2-16 $y_2(u_1)$ 变化曲线(2)

此时,$0 < u' < \mu$,对应定理 3 中 $\sigma < \mu < \sigma'$ 的情形。取 $\sigma' = 5.17$,则须满足 $u_1 \geq \mu - 2 = 3.1$,而此时步骤 5 中给出的 u_1 区间为 $\mu - 5 < u_1 \leq \mu$,即 $0.1 < u_1 \leq 5.1$,根据前面的分析,步骤 5 中的条件细分为 $0.1 < u_1 \leq 3.1$ 和 $3.1 < u_1 \leq 5.1$,在前一个区间内无法确定 $g(\mu - u_1) + g(\mu + u_1)$ 与 $2g(\mu)$ 的大小,并且 u' 也正位于此区间段内。通过上面的仿真结果可知,$u' = 2.44 < 3.1$。这说明定理 3 的证明过程是正确的。

2. U'、U_{op} 的存在性验证(二维)

通过仿真法分析在 $\|U_d\| > \|\Sigma_z\|$ 条件下,U'、U_{op} 是否存在。

令:$F_1 = \sum_{i=1}^{2} (2\pi \det^{1/2} \Sigma_{z1}^i)^{-1} \exp\left(\frac{1}{2}(U_d - U_a^i)^T (\Sigma_{z1}^i)^{-1}(U_d - U_a^i)\right) -$
$2(2\pi \det^{1/2} \Sigma_{z2})^{-1} \exp\left(\frac{1}{2}U_d^T \Sigma_{z2}^{-1} U_d\right)$

$F_2 = \sum_{i=1}^{2} (2\pi \det^{1/2} \Sigma_{z1}^i)^{-1} \exp\left(\frac{1}{2}(U_d - U_a^i)^T (\Sigma_{z1}^i)^{-1}(U_d - U_a^i)\right)$

仿真条件:$U_d = \text{diag}(7,7)$,$\Sigma_z = \text{diag}(5,5)$。

仿真结果如图 2-17 和图 2-18 所示。

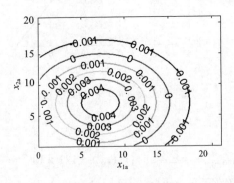

图 2-17 F_1 变化曲线

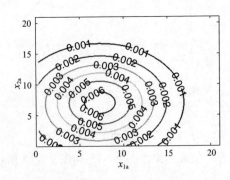

图 2-18 F_2 变化曲线

仿真分析：

(1)由图2-17可以看出,使得$F_1=0$成立的,不是孤立的一个点,而是由无数个点组成的连续曲线。举两个点为例:(12.38,12.86),(12.63,12.63),这两个点均满足条件。

(2)在图2-18中,$\max\{F_2\}=0.0064$,此时$U_{\text{op}}=(6.994,6.994)$。

以上仿真结果证明:U'和U_{op}是存在的。

3. 集火射击与分布式射击毁伤概率比较

进行蒙特卡罗仿真分析比较集火射击和分布式射击的毁伤概率,验证理论分析结果正确与否。

仿真条件:在预测迎弹面上$x_1 M_q x_2$直角坐标系中,目标预测提前点M_q点位置(0,0),目标位置中心离M_q距离为(x_{1t},x_{2t}),目标实际位置以其位置中心为原点,在x_1轴和x_2轴方向上均服从高斯分布$N(0,\sigma_t^2)$,$\sigma_t=4\text{m}$,目标等价为半径为r_0的圆;高炮2门,与各弹丸散布中心一一对应,每门高炮发射20发弹丸,弹丸以其散布中心为原点,在x_1轴和x_2轴方向上均服从高斯分布$N(0,\sigma_p^2)$,$\sigma_p=3\text{m}$,分布式射击时两个弹丸散布中心位置为(x_{1p},x_{2p})和$(-x_{1p},-x_{2p})$。

若弹丸离目标实际位置的距离d满足$d\leq r_0$,$r_0=5\text{m}$,则认为弹丸命中目标。假设毁歼目标所需平均命中弹数为$w=3$,第i次射击仿真中,统计到的命中目标弹数为N_i发,按指数毁歼定律,第i次射击的目标毁歼概率[61]为$H(i)=1-(1-1/w)^{N_i}$,设蒙特卡罗仿真次数为$M=10000$,则本次射击的平均毁歼概率为

$$H=\sum_{i=1}^{M}H(i)/M \qquad (2-41)$$

仿真一:当U_a^i为零矩阵时,即$(x_{1p},x_{2p})=(0,0)$,比较分布式射击与集火射击的效果。

分别取$(x_{1t},x_{2t})=(2,2)\text{m},(4,4)\text{m},(6,6)\text{m}$,仿真结果如表2-2所示。

表2-2 $(x_{1p},x_{2p})=(0,0)$时的毁伤概率

目标位置中心/m	射击方式	高炮1	高炮2	整体
(2,2)	集火射击	0.7585	0.7586	0.9417
	分布式射击	0.7586	0.7586	0.9417
(4,4)	集火射击	0.5923	0.5924	0.8338
	分布式射击	0.5924	0.5924	0.8338

续表

目标位置中心/m	射击方式	高炮1	高炮2	整体
(6,6)	集火射击	0.3782	0.3780	0.6132
	分布式射击	0.3780	0.3780	0.6131

从表 2-2 中数据可以看出,排除随机因素的影响,分布式射击与集火射击效果一致,这是因为此时分布式射击退化为集火射击,两种射击方式等价。

仿真二:验证当 $0 < \|\boldsymbol{U}_d\| < \|\boldsymbol{\Sigma}_z\|$ 时,除 $\boldsymbol{U}_a^1$ 是零矩阵外,集火射击优于分布式射击。

经过计算 $\boldsymbol{\Sigma}_z = \text{diag}(5,5)$,分别令 $(x_{1p}, x_{2p}) = (2,2), (4,4), (6,6), (8,8)$,取 $(x_{1t}, x_{2t}) = (3,3)$。仿真结果如表 2-3 和图 2-19 所示。

分析表 2-3 和图 2-19 可知,在 $0 < \|\boldsymbol{U}_d\| < \|\boldsymbol{\Sigma}_z\|$ 时,集火射击要优于分布式射击,并且随着 $\|\boldsymbol{U}_a^1\|$ 的变大,分布式射击效果变差。这是由分布式射击系统误差变大引起的。

表 2-3 $(x_{1t}, x_{2t}) = (3,3)$ 时的毁伤概率

射击参数/m	射击方式	高炮1	高炮2	整体
(2,2)	集火射击	0.6930	0.6956	0.9066
	分布式射击	0.8091	0.4968	0.9040
(4,4)	集火射击	0.6827	0.6823	0.8992
	分布式射击	0.8061	0.2710	0.8586
(6,6)	集火射击	0.6879	0.6874	0.9024
	分布式射击	0.6906	0.1166	0.7267
(8,8)	集火射击	0.6961	0.6934	0.9068
	分布式射击	0.4876	0.0364	0.5063

仿真三:验证对 $\|\boldsymbol{U}_d\| > \|\boldsymbol{\Sigma}_z\|$,当 $0 < \|\boldsymbol{U}_a^1\| < \|\boldsymbol{U}'\|$ 时,分布式射击优于集火射击,且存在 $\boldsymbol{U}_a^1 = \boldsymbol{U}_{\text{op}}(\|\boldsymbol{U}_{\text{op}}\| < \|\boldsymbol{U}'\|)$,使得分布式射击毁伤概率最大;当 $\boldsymbol{U}_a^1 = \boldsymbol{U}'$ 时,分布式射击与集火射击效果一致;当 $\|\boldsymbol{U}_a^1\| > \|\boldsymbol{U}'\|$ 时,分布式射击不如集火射击。

分别令 $(x_{1p}, x_{2p}) = (2,2)\text{m}, (4,4), (6,6), (8,8), (10,10), (12,12), (14,14)$ 等,取 $(x_{1t}, x_{2t}) = (7,7)$。仿真结果如图 2-20 和表 2-4 所示。

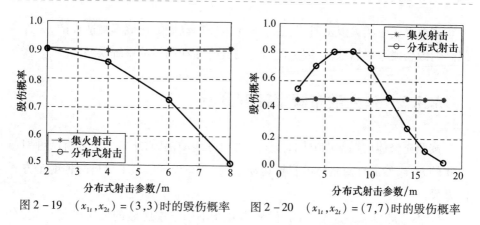

图 2-19 $(x_{1t},x_{2t})=(3,3)$ 时的毁伤概率　　图 2-20 $(x_{1t},x_{2t})=(7,7)$ 时的毁伤概率

表 2-4 $(x_{1t},x_{2t})=(7,7)$ 时的毁伤概率

射击参数/m	射击方式	高炮1	高炮2	整体
(2,2)	集火射击	0.2734	0.2721	0.4711
	分布式射击	0.4852	0.1176	0.5457
(4,4)	集火射击	0.2773	0.2760	0.4768
	分布式射击	0.6936	0.0363	0.7048
(6,6)	集火射击	0.2732	0.2763	0.4740
	分布式射击	0.8040	0.0082	0.8056
(8,8)	集火射击	0.2745	0.2777	0.4760
	分布式射击	0.8078	0.0013	0.8080
(10,10)	集火射击	0.2729	0.2707	0.4697
	分布式射击	0.6936	0.0001	0.6937
(12,12)	集火射击	0.2795	0.2762	0.4785
	分布式射击	0.4880	0.0000	0.4880
(14,14)	集火射击	0.2796	0.2775	0.4795
	分布式射击	0.2746	0	0.2746
(16,16)	集火射击	0.2764	0.2775	0.4772
	分布式射击	0.1156	0	0.1156
(18,18)	集火射击	0.2732	0.2776	0.4750
	分布式射击	0.0391	0	0.0391

可以看出,分布式射击要优于集火射击,需满足前提条件——弹丸散布中心位置有偏均值存在上限。若不满足此前提条件,分布式射击效果差于集火射击,这主要是由于此时其各炮毁伤概率都下降,甚至毁伤概率下降到零造成的;同时可以看出,分布式射击毁伤概率先变大后变小,存在最大值;从表 2-4 还可知,

分布式射击优于集火射击时,是由于其中的一门高炮毁伤概率高造成的,另外一门高炮毁伤概率仍然很低,因为此时这门高炮存在明显的系统误差。

2.4.2 弹丸散布概率密度分析

按照先整体后局部的原则,先不考虑目标运动范围,从整体上分析两种射击方式的差异,然后针对具体的目标运动范围,即在局部区域上分析两种射击方式的差异。

1. 不考虑目标的运动范围,仅从弹丸在不同空中区域的散布密度出发,分析比较集火射击和未来空域窗射击方式

为简便并不失一般性,此处以单层圆形空域窗为例。假设圆形空域窗内弹丸散布中心个数 $m=6$,分别为 $\overline{X}_i = (r\cos\alpha_i \quad r\sin\alpha_i)^T, i=1,2,\cdots,6$,式中,$\alpha_i = \alpha_0 + \pi/3(i-1), i=1,2,\cdots,6$,$\alpha_0$ 服从 $[-\pi/6, \pi/6]$ 上的均匀分布,其技术参数为 r,弹丸散布误差均方差为 σ_2;集火射击的弹丸散布误差均方差为 σ_1,目标在预测迎弹面上的投影区域为矩形,边长分别为 $2x_{area}$ 和 $2y_{area}$,面积 $\Omega = 1m^2$,毁歼目标所需平均命中弹丸数 $w=3$,弹丸散布概率密度函数为 f,若向目标发射 N 发弹丸,则其毁伤率计算公式为

$$P_w(N) = 1 - \left[1 - \left(\iint_\Omega f ds/w\right)\right]^N = 1 - \left(1 - \frac{1}{w}\int_{x-x_{araa}}^{x+x_{araa}}\int_{y-y_{araa}}^{y+y_{araa}} f dx dy\right)^N$$

(2-42)

通过式(2-42)可以看出,在其他条件相同的情况下,两种射击的毁伤率仅与其各自的弹丸散布概率函数 f 有关。集火射击和空域窗射击的弹丸综合散布密度函数分别记为 f_1 和 f_2,其计算公式为

$$f_1 = 1/(2\pi\sigma_1^2) \cdot \exp[-x^2/(2\sigma_1^2) - y^2/(2\sigma_1^2)]$$

$$f_2 = 1/(12\pi\sigma_2^2) \cdot \sum_{i=1}^{6} \exp[-1/(2\sigma_2^2) \cdot (x - r\cos\alpha_i)^2 - 1/(2\sigma_2^2) \cdot (y - r\sin\alpha_i)^2]$$

(2-43)

仿真条件:

(1) $\sigma_1 = \sqrt{2}, r=2, \sigma_2 = \sqrt{2}, N=48, 2x_{area} = 2y_{area} = 1$。

(2) $\sigma_1 = \sqrt{2}, r=2, \sigma_2 = \sqrt{2}, N=192, 2x_{area} = 2y_{area} = 1$。

(3) $\sigma_1 = \sqrt{2}, r=\sqrt{6}, \sigma_2 = \sqrt{3}, N=192, 2x_{area} = 2y_{area} = 1$。

(4) $\sigma_1 = \sqrt{2}, r^1 = \sqrt{2}, r^2 = 4, r^3 = \sqrt{6}, \sigma_2^i = r^i/\sqrt{2}, i = 1,2,3, N = 192, 2x_{area} = 2y_{area} = 1$。

(5) $\sigma_1 = \sqrt{2}, r = 2, \sigma_2 = \sqrt{2}, N_1 = 96, N_1 = 192, N_1 = 288, 2x_{area} = 2y_{area} = 1$。

仿真结果：

如图 2-21、图 2-22 和图 2-23 所示。图 2-21 表示相同条件下空域窗与集火射击的毁歼概率差值，其中的图(a)对应仿真条件(1)，图(b)对应仿真条件(2)，图(c)对应仿真条件(3)；图 2-22 表示在相同面积区域(用半径 $rr_i = 0.5*i$，$i = 1,2,\cdots,12$ 表示)内，两种射击方式的弹丸散布概率 P，对应仿真条件(4)，其中图(a)表示各点到圆心距离 r_d 满足 $0 < r_d^1 \leq rr_i, i = 1,2,\cdots,12$ 的各点构成的圆形区域内弹丸散布概率，图(b)表示各点到圆心距离 r_d 满足 $rr_i = 0.5i, rr_i < r_d^i \leq rr_{i+1}, i = 1,2,\cdots,11$ 的各点构成的环形区域内弹丸散布概率；图(c)是与图(d)一一对应的二维垂直条形图；图 2-23 表示毁歼概率 $P_w(N)$ 大于某一下限值时两种方式的有效拦截区域，通过半径 r_1 表示，对应仿真条件(5)。

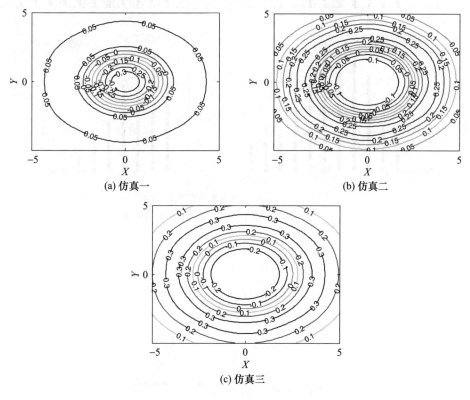

图 2-21 两种射击方式毁歼概率差值

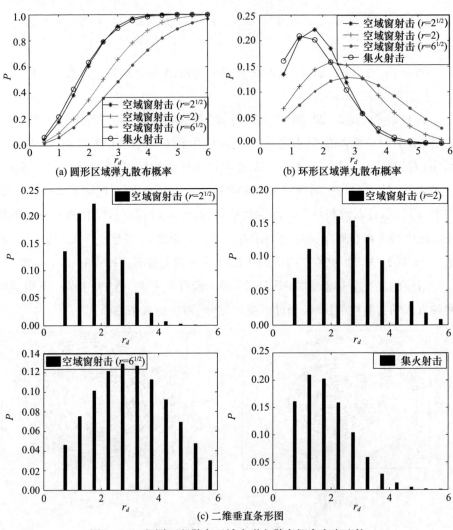

图2-23 毁歼概率与有效区域的关系

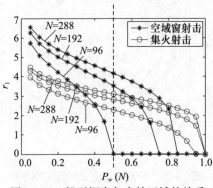

图2-22 相同面积散布区域内弹丸散布概率密度比较

结果分析：

(1)对比图 2-21(a)，当弹丸数较少时，集火射击方式的效果整体上要好于未来空域窗方式，后者仅在外围效果好于前者，但此时两者的毁歼概率均较小，不足以拦截目标；但弹丸数增加到 192 发时，未来空域窗方式的效果明显变好，主要体现在以下两方面：一是在弹丸配置中心周围，虽然集火射击效果要好，但优势已很小，且此时未来空域窗毁歼概率也很大；二是在外围，未来空域窗射击优势更加明显，增加了有效拦截区域。这表明，未来空域窗方式适用于火力密度大的条件。

(2)分析比较图 2-21(b)、(c)，当射击窗技术参数增大时，虽然在弹丸配置中心周围拦截效果有所下降，但增加了有效拦截区域，适合于对空中目标预测精度较低的条件。故在实际使用时可依据对空中目标的预测误差范围，自适应计算射击窗技术参数的大小，以保证具有最优的毁歼概率，这也是自适应射击窗有效性存在的依据。

(3)从图 2-22(a)可以看出，在相同面积的圆形拦截区域内，射击窗技术参数越大，其内的弹丸散布概率越小。当技术参数取 $r = \sqrt{2}$，$\sigma = 1$ 时，其内散布概率与集火射击方式相当；从图 2-22(b)可知，环形区域离弹丸配置中心较近时，射击窗技术参数越大，其内弹丸散布概率越小，环形区域离弹丸配置中心较远时，射击窗技术参数越大，其内弹丸散布概率也越大，见图 2-22(c)。这说明，射击窗技术参数越大的空域窗，在外围有效拦截区域增加得越多。

(4)分析图 2-23 可知，当弹丸数从 96 发增加到 288 发时，集火射击方式的毁歼概率最大值从 0.95 增加到 1.0，变化不大，而空域窗射击方式的拦截概率最大值由 0.5 增加到 0.85，这说明火力密度越大，空域窗射击方式的优势越明显；若取毁歼概率下限值为 0.5(图 2-23 中虚线所示)，可以看出，$N = 192$ 时空域窗射击方式的有效面积都要大于 $N = 288$ 时集火射击方式的有效面积。这表明集火射击方式本身存在设计的缺陷，单纯增加弹丸不能扩大其有效拦截区域，反而会造成弹丸的浪费。

2. 考虑到目标的运动范围，分析目标运动特性、弹丸数 N、毁歼概率 $P_w(N)$ 之间的关系

分析式(2-41)可知，对集火射击和未来空域窗射击方式而言，它们与毁歼概率 $P_w(N)$ 关系密切的因素是弹丸散布概率密度 f 和弹丸数 N，f 与目标的运动区域关系紧密，$P_w(N)$ 分别与 f 或 N 成正比，而与由目标自身决定的因素 Ω 和 w 并无太大关系。

在图 2-24 所示的空域窗弹丸散布示意图中，设弹丸散布误差方差为 (σ_x^2, σ_y^2)，空域窗内 m 个弹丸散布中心 $\overline{X}_i = (r_a\cos\alpha_i \quad r_b\sin\alpha_i)^T$。其中，$\alpha_i = \alpha_0 + 2\pi/$

$m(i-1), i=1,2,\cdots,m$，α_0 服从 $[-\pi/m \quad \pi/m]$ 上的均匀分布。

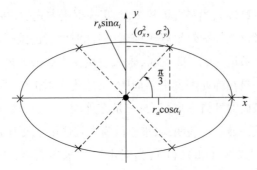

图 2-24　弹丸散布示意图

弹丸综合散布密度函数可写为

$$f_m(x,y) = 1/(2m\pi\sigma_x\sigma_y) \cdot \sum_{i=1}^{m} \exp[-1/(2\sigma_x^2)(x-r_\alpha\cos\alpha_i)^2 - 1/(2\sigma_y^2)(y-r_b\sin\alpha_i)^2] \quad (2-44)$$

假设集火射击时其弹丸散布误差方差为 $(\sigma'^2_x, \sigma'^2_y)$，则其弹丸综合散布密度函数为

$$f'(x,y) = 1/(2\pi\sigma'_x\sigma'_y) \cdot \exp[-x^2/(2\sigma'^2_x) - y^2/(2\sigma'^2_y)] \quad (2-45)$$

分别将式(2-44)和式(2-45)代入式(2-41)，得两种射击方式在不同区域的毁歼概率，即

$$P_m(x,y,N) = 1 - \left[1 - \left(\iint_\Omega f_m(x,y)\mathrm{d}s/w\right)\right]^N = 1 - \left\{1 - \frac{1}{2wm\pi\sigma_x\sigma_y} \cdot \int_{x-x_{\text{area}}}^{x+x_{\text{area}}} \int_{y-y_{\text{area}}}^{y+y_{\text{area}}} \sum_{i=1}^{m} \exp\left[-\frac{1}{2\sigma_x^2}\left(x-r_a\cos\frac{2\pi}{m}i\right)^2 - \frac{1}{2\sigma_y^2}\left(y-r_b\sin\frac{2\pi}{m}i\right)^2\right]\mathrm{d}x\mathrm{d}y\right\}^N$$

$$(2-46)$$

$$P'(x,y,N) = 1 - \left[1 - \left(\iint_\Omega f'(x,y)\mathrm{d}s/w\right)\right]^N$$
$$= 1 - \left\{1 - \frac{1}{2w\pi\sigma'_x\sigma'_y} \int_{x-x_{\text{area}}}^{x+x_{\text{area}}} \int_{y-y_{\text{area}}}^{y+y_{\text{area}}} \exp\left[-\frac{x^2}{2\sigma'^2_x} - \frac{y^2}{2\sigma'^2_y}\right]\mathrm{d}x\mathrm{d}y\right\}^N$$

$$(2-47)$$

定义指标：目标飞行区域内毁歼概率均值 P_{aver} 与毁歼概率均匀度 P_{equ} 来比较两种射击方式的差异。前者从整体上评价在目标飞行区域内的毁歼概率；后者用来评价在目标飞行区域内各点的均衡性。所以，P_{aver} 和 P_{equ} 均越接近 1 越大越好。假设目标飞行区域可等价为矩形，其范围（或称边长）分别记为 $l_{x\text{low}} \leqslant x \leqslant$

l_{xup}, $l_{ylow} \leqslant x \leqslant l_{yup}$,目标飞行区域面积 $A = (l_{xup} - l_{xlow})(l_{yup} - l_{ylow})$,则在给定区域 A 内 P_{aver} 和 P_{equ} 的计算公式为

$$P_{aver} = \operatorname*{mean}_{A} P(x,y,N),\ P_{euq} = \operatorname*{min}_{A} P(x,y,N) / \operatorname*{max}_{A} P(x,y,N) \quad (2-48)$$

仿真条件:

空域窗内弹丸散布中心个数 $m = 6$,目标在预测迎弹面上投影区域为矩形,半边长分别为 $x_{erea} = y_{erea} = 0.5$,毁歼目标所需平均命中弹丸数 $w = 3$。

仿真结果:

如图 2-25、图 2-26、图 2-27 和表 2-5 所示。图 2-25(a)~(h)分别与表 2-5 中第一组至第八组仿真数据相对应,其表示两种射击条件下的弹丸散布情况与目标飞行区域。图 2-26 是在目标飞行区域和弹丸数一定的条件下,空域窗射击毁歼概率均值和均匀度随射击窗技术参数的变化规律,仿真条件: $l_{xlow} = -4, l_{xup} = 4, l_{ylow} = -10, l_{yup} = 10, N = 120, \sigma'_x = \sigma_x = r_a / \sqrt{2}, r_a = 2\sqrt{2}, \sigma'_y = \sigma_y = r_b / \sqrt{2}, r_b = \sqrt{5i-4}, i = 1,2,\cdots,41$。图 2-27 是空域窗射击毁歼概率均值和均匀度随弹丸数的变化规律,仿真条件: $l_{xlow} = -4, l_{xup} = 4, l_{ylow} = -10, l_{yup} = 10, \sigma'_x = \sigma_x = r_a / \sqrt{2}, \sigma'_y = \sigma_y = r_b / \sqrt{2}, r_a = 2\sqrt{2}, r_b = 10, N = 30i, i = 1,2,\cdots,50$。

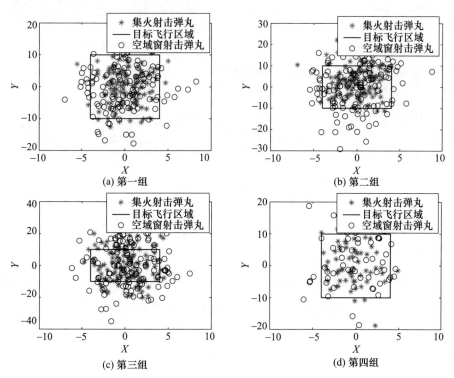

(a) 第一组　　(b) 第二组　　(c) 第三组　　(d) 第四组

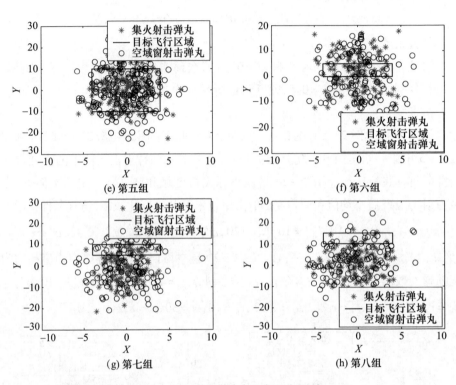

图 2-25 弹丸散布与目标飞行区域

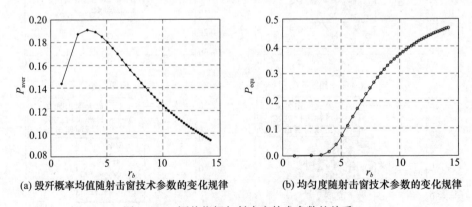

(a) 毁歼概率均值随射击窗技术参数的变化规律　　(b) 均匀度随射击窗技术参数的变化规律

图 2-26 评价指标与射击窗技术参数的关系

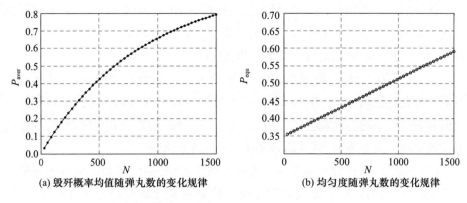

(a) 毁歼概率均值随弹丸数的变化规律　　(b) 均匀度随弹丸数的变化规律

图 2-27　评价指标与弹丸数的关系

表 2-5　仿真数据

组别	目标飞行区域 $[l_{xlow} l_{xup}],[l_{ylow} l_{yup}]$	弹丸数 N/发	射击窗技术参数 (r_a,r_b)	空域窗射击		集火射击	
				P_{aver}	P_{equ}	P_{aver}	P_{equ}
第一组	[-4 4],[-10 10]	120	$(2\sqrt{2},5\sqrt{2})$	0.1566	0.2205	0.2251	0.0246
第二组	[-4 4],[-10 10]	120	$(2\sqrt{2},10)$	0.1247	0.3696	0.1930	0.0611
第三组	[-4 4],[-10 10]	120	$(2\sqrt{2},10\sqrt{2})$	0.0943	0.4667	0.1543	0.0945
第四组	[-4 4],[-10 10]	60	$(2\sqrt{2},10)$	0.0646	0.3601	0.1041	0.0552
第五组	[-4 4],[-10 10]	180	$(2\sqrt{2},10)$	0.1808	0.3792	0.2692	0.0673
第六组	[-4 4],[0 5]	120	$(2\sqrt{2},10)$	0.1342	0.5308	0.2140	0.1340
第七组	[-4 4],[5 10]	120	$(2\sqrt{2},10)$	0.1190	0.3906	0.1389	0.0964
第八组	[-4 4],[10 15]	120	$(2\sqrt{2},10)$	0.0835	0.2575	0.0554	0.0679

结果分析：

(1) 图 2-26 中，随着射击窗技术参数的变大，空域窗射击毁歼概率均值出现了最大值，而毁歼概率均匀度一直变大。这是因为若射击窗技术参数太小，不足以覆盖目标的飞行区域，出现了毁歼概率很小的局部区域，这也是此时毁歼概率均匀度很小的原因。而随着射击窗技术参数的进一步变大，如表 2-5 中第一组至第三组仿真数据。由于落入单位面积内的弹丸数减小了，所以空域窗射击方式的毁歼概率均值又在减小。这表明存在最佳的射击窗技术参数与毁歼概率均值最大值相匹配。

集火射击的毁歼概率发生变化，是因为仿真时将弹丸散布误差方差与空域窗射击的弹丸散布误差设置大小一致，而后者随着空域窗技术参数的变化而变化。两种射击方式相比,空域窗射击的毁歼概率均值小于集火射击,但其毁歼概率均匀度明显优于集火射击。这说明未来空域窗射击增大了有效射击区域,但却是以牺牲在中心区域的高毁歼概率为代价的。

(2)比较表2-5中第四组、第二组和第五组仿真数据,随着落入目标运动范围内弹丸数的增加,如图2-25(d)、(b)、(e)所示,两种射击方式的毁歼概率均值和毁歼概率均匀度都变大。但从图2-27可知,随着弹丸数的增加,毁歼概率均值出现了高原现象,而其均匀度几乎是线性变大的。

(3)从表2-5中第六组至第八组数据可以看出,目标运动范围越远离弹丸散布中心区域,两种射击方式的毁歼概率均值和毁歼概率均匀度越减小,正如图2-25(f)、(g)、(h)所示,这是因为落入目标飞行区域内的弹丸数越来越少。但同时出现了空域窗射击毁歼概率均值和均匀度都大于集火射击的情况。这说明,在目标预测误差越来越大的情况下,未来空域窗射击要优于集火射击。

2.5 自适应射击窗的火控算法

2.3节研究了如何保持射击窗的平坦性,得到了射击窗技术参数与弹丸散布误差均方差之间的关系,但未涉及射击窗技术参数的具体值。本节分析自适应射击窗火控算法新增加的三个主要步骤,见图2-2中虚线框,这三步也是其与集火射击的本质区别。

1. 目标运动特性的识别及其表征参数的估计

自适应射击窗火控技术以目标的运动特征参数为基本依据,故必须首先估计出目标运动特征参数。根据目标运动参数滤波结果,识别出目标当前运动模式,如匀速直线运动、蛇形机动等,并估计出表征其运动模式的特征参数。研究重点是蛇形机动的模式识别及机动幅度估计。

2. 构建射击窗技术参数寻优计算模型

自适应射击窗火控技术基于毁歼目标的概率最大为原则求解射击窗技术参数,所以要构建射击窗技术参数寻优计算模型。对现有的集火射击毁歼概率计算模型从两方面加以改进:一是引入对目标提前点位置预测误差的处理方法,使该模型考虑不同目标运动模式的影响;二是基于空域窗射击原理,对该模型进行修改完善,提出空域窗射击毁歼概率计算模型。

3. 研究求解射击窗技术参数寻优计算模型的优化算法

所构建的射击窗技术参数寻优计算模型,以目标运动状态与射击窗技术参数为约束条件、毁歼概率为目标函数。接下来要研究优化算法求解模型,选择计算精度和计算耗时作为评价优化算法性能的指标,设计出最佳的优化算法,求解射击窗技术参数。为减小计算耗时,必须对射击窗技术参数的寻优搜索初值和搜索范围做出合理的预设。

2.6 小结

本章在介绍高炮装备火控理论的基础上,提出了自适应射击窗的思想,研究了自适应射击窗火控技术的理论基础,为后续章节的研究奠定基础。

(1)论述了自适应射击窗的基本思想、适用范围、性质,并重点从工程应用角度阐明了其物理意义。

(2)提出了射击窗的构造方法,通过理论证明和仿真分析,验证了其可信性和有效性,解决了保持射击窗平坦性的问题。

(3)从函数凹凸性质角度出发,对集火射击与自适应射击窗火控技术的毁伤效能差异进行了理论推导,通过仿真算例验证了推导结论的正确性。

(4)从弹丸散布概率密度角度出发,比较了集火射击与自适应射击窗火控技术的差异,为合理运用这两种射击方式提供了理论依据。

(5)分析了自适应射击窗火控算法新增加的三项主要步骤。后续的章节中,第3章主要针对步骤1,第4章主要针对步骤2和步骤3。

参考文献

[1] 高强,王力,侯远龙,等. 火控系统设计概论[M]. 北京:国防工业出版社,2016.

[2] 薄煜明,郭治,钱龙军,等. 现代火控理论与应用基础[M]. 北京:科学出版社,2012.

[3] 王春平,孙书鹰,程远增,等. 现代高炮火控系统原理[M]. 北京:国防工业出版社,2013.

[4] 魏云升,郭治,王校会. 火力与指挥控制[M]. 北京:北京理工大学出版社,2003.

[5] 卢大庆. 空域窗射击效能评估仿真系统设计[D]. 石家庄:军械工程学院,2012.

[6] 田棣华,马宝华,范宁军. 兵器科学技术总论[M]. 北京:北京理工大学出版社,2003.

[7] 马志强. 高炮武器系统自动校射关键技术研究[D]. 石家庄:军械工程学院,2012.

[8] 邵振星. 机动目标虚拟闭环校射原理研究[D]. 南京:南京理工大学,2008.

[9] 王华. 虚拟闭环校射[D]. 南京:南京理工大学,2003.

[10] 余五建. 高精度射击求取技术[D]. 南京:南京理工大学,2003.

[11] 刘超. 火力控制中的随机穿越模型与射击效能分析[D]. 南京:南京理工大学,2009.

[12] 戚国庆. 近程防空反导中的有关目标估计理论与技术[D]. 南京:南京理工大学,2006.

[13] 马春茂,陈熙,侯凯,等. 弹炮结合防空武器系统总体设计[M]. 北京:国防工业出版社,2008.

[14] SAIARANTA T,LAINE S,SILTAVUORI A. On projectile stability and firing accuracy[C]//Proceeding of the 20th international symposium on ballistics,USA,2002,1:195 – 202.

[15] OSDER S. Integrated flight/fire control for attack helicopters[J]. IEEE Aerospace and Electronic Systems Magazine,1992,7(1):17 – 23.

[16] 陈晨,陈杰,张娟,等. 网络化防空火控系统体系结构研究[J]. 兵工学报,2009,30(9):1253 – 1258.

[17] 刘锐,李银伢,盛安冬. 分布式数字化牵引高炮系统的命中概率分析[J]. 兵工学报,2009,30(10):1382 – 1388.

[18] 毛昭军,李云芝. 网络化防空反导体系一体化火力控制问题[J]. 火力与指挥控制,2008,33(6):5 – 9.

[19] 王中许,陈黎. 分布式高炮火控系统3种射击方式的实现[J]. 兵工学报,2011,32(7):795 – 800.

[20] 王中许,张学彪,盛安冬. 基于分布式节点的火控体系研究[J]. 兵工学报,2005,26(5):638 – 641.

[21] 徐惠钢,郭治. 网络火控系统及其构建[J]. 南京理工大学学报(自然科学版),2007,31(2):139 – 142.

[22] 刘锐. 分布式数字化牵引高炮火控系统分析与实现[D]. 南京:南京理工大学,2009.

[23] 陈杰,方浩,辛斌,等. 数字化陆用武器系统中的建模、优化与控制[J]. 自动化学报,2013,39(7):943 – 962.

[24] CHEN C,CHEN J,XIN B. Hybrid optimization of dynamic deployment for networked fire control system[J]. Journal of Systems Engineering and Electronics,2013,24(6):954 – 961.

[25] DONG S K,JUAN Z,CHEN C. Information stream based effectiveness evaluation of air defense networked fire control system[C]//Proceedings of the 30th Chinese control conference,Yantai,China,2011:1664 – 1669.

[26] CHEN S J,JUAN Z,CHEN C. Design of networked air defense fire control simulation system based on BOM[C]//Proceedings of the 10th world congress on intelligent control and automation,Beijing,China,2012:3214 – 3219.

[27] 胡金春. 未来空域窗体制下的火力控制理论[D]. 南京:南京理工大学,1998.

[28] 王福军. 多空域窗射击技术研究[D]. 石家庄:军械工程学院,2009.

[29] MAHNKEN T G. The cruise missile challenge[M]. Washington DC:Center for Strategic and Budgetary Assessments,2005.

[30] MACFADZEAN R H M. Surface – based air defense system Analysis[M]. London:Artech

House,1992.

[31] 窦丽华,王高鹏,陈杰,等. 求解弹头散布均匀度的分布估计算法[J]. 控制理论与应用,2009,26(6):624-628.

[32] GUO Z,HU J C. General proof of eigenvalue placement condition in different specified domain[C]. IEEE Control & Syetem Conference,Singapore,1997.

[33] GUO Z. A survey of satisfying control and estimation[C]//Proceedings of the 14th IFAC Congress,Beijing,1999:443-447.

[34] GUO Z. Opportunity – Awaiting Control—One new study field in stochastic control theory[C]//ICCA,Canada,2003:340-344.

[35] LIU C,WANG J,GUO Z. An estimation method for kill probability based on random residence time series[J]. Journal of China Ordnance,2011,7(4):229-234.

[36] 王军,李玉山,张贤椿,等. 火炮身管对射击域的随机穿越特性分析[J]. 兵工学报,2009,30(7):857-861.

[37] 王军,李玉山,张贤椿,等. 具有射击域的武器系统的击发特性与精度[J]. 兵工学报,2010,31(2):144-148.

[38] WANG J,LI Y S,GUO Z. Analysis on stochastic passage characteristics for gun barrel in shooting domain[J]. Journal of China Ordnance,2010,6(4):247-252.

[39] 王天雄,吕明,潘晟菡,等. 行进间射击复合射击门随机穿越特征量的分析[J]. 兵工学报,2012,33(12):1467-1472.

[40] 梅卫,王春平,程远增. 基于多模射击的火力控制理论研究[J]. 火力与指挥控制,2009,34(2):101-102,106.

[41] 刘恒,梅卫,张小伟. 基于未来空域窗的高炮点射效力仿真[J]. 火力与指挥控制,2010,35(11):158-160.

[42] 王刚. 高炮自适应射击人在回路效能评估仿真系统设计[D]. 石家庄:军械工程学院,2014.

[43] 肖颖. 多模射击火控技术研究[D]. 石家庄:军械工程学院,2013.

[44] 王孟军. 弹幕反导武器系统新机理研究[D]. 哈尔滨:哈尔滨工程大学,2008.

[45] 鲁广策,杨建军. 未来空域窗体制下的高炮抗击反辐射导弹模型研究[J]. 指挥控制与仿真,2008,30(1):28-31.

[46] 陈建,王学军,彭涛. 超高射频弹幕武器系统射击效力分析[J]. 火炮发射与控制学报,2009,(3):9-12.

[47] 俞国庆,刘忠,陈栋. 基于未来空域窗的金属风暴武器系统参数研究[J]. 舰船电子工程,2010,(190):47-49.

[48] 王卫平,孙长松. 高射速高炮未来空域窗射击方法研究[J]. 防空兵指挥学院学报,2011,28(3):10-12.

[49] 卢秀慧,李强,欧阳攀.高射速武器对不同机动目标的命中理论分析[J].火力与指挥控制,2013,38(3):8-11.

[50] 朱凯,陶德进,王军,等.未来空域窗下高炮武器系统的毁伤概率[J].火力与指挥控制,2014,39(4):24-26.

[51] 陶德进,史慧敏,王军,等.基于共有分量分解的速射火炮毁伤概率计算模型[J].兵工学报,2012,33(11):1358-1363.

[52] 陶德进,王军,朱凯,等.高炮武器系统毁伤概率计算的蒙特卡罗法[J].系统工程理论与实践,2014,34(1):268-272.

[53] 吕学新.未来空域窗应用技术[D].南京:南京理工大学,2007.

[54] 卢发兴,贾正荣,吴玲,等.未来空域窗弹丸瞄准点配置方法[J].兵工学报,2015,36(8):1541-1545.

[55] 贾正荣,卢发兴,吴玲.基于函数逼近的未来空域窗瞄准点配置方法[J].电子学报,2017,45(8):2031-2037.

[56] 卢发兴,贾正荣,王航宇.对任意分布目标的舰炮对面区域射击瞄准点配置方法[J].系统工程与电子技术,2019,41(6):1278-1285.

[57] 刘健,张渝缘,石章松.一种新的未来空域窗瞄准点配置方法[J].火力与指挥控制,2021,46(7):163-170.

[58] 刘恒.自适应射击窗火力控制理论与仿真研究[D].石家庄:军械工程学院,2014.

[59] 田棣华,肖元星,王向威,等.高射武器系统效能分析[M].北京:国防工业出版社,1991.

[60] 孙世岩,邱志明,王航宇,等.拦阻面弹丸散布中心配置方法[J].弹道学报,2008,20(4):16-19.

[61] 曾前腾,吴慧中.着发射击高射武器系统点射毁歼概率仿真[J].兵工学报,2006,27(1):126-131.

第3章 自适应射击窗体制下的目标跟踪

高炮火控系统的主要任务是联立目标运动方程与弹丸运动方程,求解两者相遇问题,计算目标提前点以及射击诸元。描述目标运动需要根据目标现在点信息和合理的运动假定规律,这些都建立在对目标精确跟踪的基础上,然后对滤波数据进行处理,识别目标运动特性,并估计出其特性表征参数,可以将两部分内容统称为目标运动状态估计问题,这就是本章主要内容,重点是目标运动特性识别及其特性表征参数的估计。

本章首先对防空目标的运动特性展开分析,分析高炮可有效拦截的目标运动模式。对目标跟踪问题的研究,许多研究者提出了很多模型和算法[1-28]。其中,交互式多模型(Interactive Multiple Model,IMM)跟踪算法可在实际中广泛应用,本章将对此目标跟踪算法进行介绍。其次,在实现精确跟踪的基础上,提出一种基于位置量变化规律的蛇形机动模式识别及幅度估计算法,解决蛇形机动模式识别问题。最后,分析目标处于不同运动模式下的表征参数。

3.1 目标运动特性分析

突防后临近我高炮阵地的目标主要有巡航导弹、直升机和攻击机等空中目标,下面分别介绍它们的运动特性。

3.1.1 巡航导弹

巡航导弹的飞行速度马赫数多在 0.65~0.9,高速和超高速巡航导弹正在研制中,据称飞行速度马赫数将超过6。巡航导弹的飞行轨迹一般分为初始段、巡航段和末端,其典型运动模式如下。

(1)初始段:导弹从发射到转入巡航段之前的时间段[29]。导弹的运动过程为:从载体上发射后迅速爬升,到预设高度后启动巡航发动机,然后降高进入巡航段(巡航高度5~100m),初始段不会超过10km,且一般也不会被防空武器系统拦截。

（2）巡航段：从弹道最高点降高转入巡航飞行开始，到进入攻击目标准备段之前的时间段，该段约占巡航导弹整个飞行时间的90%，一般采用等速直线运动模式。在巡航段的末期为规避防空武器系统的拦截会采取蛇行机动。针对防空武器的特性，通过预测其可能的发射时间区间，巡航导弹提前设置好最有利的蛇形机动开始时间、幅度、周期、次数、结束时间等关键参数。考虑到实战中巡航导弹本身无法探测拦截器的有效信息，故假设此处所述的蛇形机动突防是主动规避，即巡航导弹只按预设好的蛇形机动模式飞行，而不管防空武器系统的发射时间。巡航导弹蛇行机动区间一般为20~0.5km，机动幅度为20~200m，机动节距为0.5~5km[1,30]，图3-1给出了一种典型航路[31]。

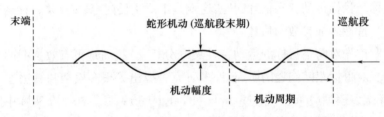

图3-1 巡航段示意图

（3）末端：从巡航段转入攻击准备开始，一直持续到命中目标的时间段。巡航导弹在末端一般采用跃升俯冲攻击形式，它可以有效逃避高炮系统的拦截。

3.1.2 直升机

直升机的攻击手段通常分为以下三种：

（1）俯冲攻击：一般在100~300m的高度飞行，当确定打击目标后迅速靠近完成攻击前准备，然后在50~100m的高度实施攻击，结束后迅速撤离。

（2）跃升攻击：依靠山河、树林等特殊地形地貌的有效掩护，通常以160~200km/h的速度在20~100m的高度隐蔽飞行，当发现打击目标后跃升至50~200m，然后利用4~6s短暂悬停的时间进行攻击准备，接着完成攻击。

（3）水平机动攻击：一般在航路飞行过程中受到敌方防空武器威胁时才使用。在到达敌方防空武器有效射程前，进行3~10s的机动保护自己，然后继续完成攻击。

3.1.3 攻击机

与无人操作的巡航导弹相比,攻击机在(超)低空可以更加灵活地实施战术,随机应变能力更强;与直升机比较,攻击机的优势更加明显,其飞行速度更快、有效作战半径和弹药装载量更多,具备战略打击敌方的能力。攻击机在途中飞行阶段通常采用等高直线模式以迅速临近战场,若遭到敌方防空武器的拦截时,一般采用水平蛇形机动(总体航向大致不变)或直线加减速规避。

通过上面的分析可知,防空目标的主要运动模式包括匀速直线运动、蛇形机动、跃升或俯冲运动、水平转弯运动等。水平转弯运动通常发生在有人驾驶飞机逃离战场阶段,此时对我方已没有威胁,通常不再进行拦截射击[1];目标做跃升或俯冲进入段时持续时间较短,即使识别出目标处于该模式,等到弹丸飞抵预测提前点时,目标运动模式已发生改变,高炮的拦截效果不佳,一般要等到目标进入直线俯冲时才进行跟踪拦截,所以就高炮系统而言,一般仅拦截处于直线运动模式或蛇形机动模式的目标,并且蛇形机动模式要有稳态性和规律性,如巡航导弹。而对于仅做一个周期蛇形机动的目标,通常拦截效果不佳。

为研究目标运动模型,建立飞行航路,下面给出两个最常用的空间坐标系(右手系):直角坐标系和球坐标系,如图3-2所示。

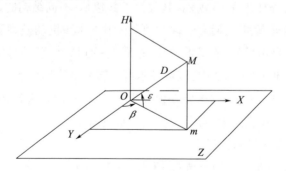

图3-2 目标位置所在的坐标系

(1)直角坐标系[32]:坐标原点为炮口位置O,炮口水平面(坐标平面)记为Z,其平行于水平面且过炮口位置点,取X轴正向为正东方向,Y轴正向为正南方向,H轴正向垂直向上,目标坐标记为(X,Y,H)。

(2)球坐标系[32]:在坐标平面 Z 上选择 Y 轴正向为基准方向,方位角 β 是基准方向与 Om 方向(m 是目标位置 M 在平面 Z 上的投影位置)按照逆时针旋转之间的夹角 $\angle YOm$,高低角 ε 是 Om 方向与 Om 方向之间的锐角 $\angle MOm$,斜距离 D 是炮口位置点与目标位置点之间的距离 Om,目标坐标记为 (D,ε,β)。

(X,Y,H) 与 (D,ε,β) 之间的相互转换关系为

$$\begin{cases} D = \sqrt{X^2+Y^2+H^2} \\ \beta = \begin{cases} \arctan(X/Y), & Y>0 \\ \pi+\arctan(X/Y), & Y<0 \end{cases} \\ \varepsilon = \arctan(H/\sqrt{X^2+Y^2}) \end{cases} \quad \begin{cases} X = D\cos\varepsilon\sin\beta \\ Y = D\cos\varepsilon\cos\beta \\ H = D\sin\varepsilon \end{cases} \quad (3-1)$$

3.2 目标跟踪算法

实现对目标的准确跟踪,是获得目标运动参数的前提。为后面研究方便,下面简单介绍用于目标跟踪的 IMM 跟踪算法。

目前,对 IMM 算法的研究非常广泛[22,23,33-37]。参考文献[22]首先提出 IMM 滤波器,它属于可变带宽自适应滤波器系列,适用于包含多种可变迁模式的动态系统状态估计问题。

IMM 算法流程如图 3-3 所示,其设计参数包括:不同结构的预设模型;不同模型之间的转移概率和切换结构;模型测量噪声密度(机动模型测量噪声较高,非机动模型测量噪声低)。在该算法中,多种目标运动模型并行工作,无须进行机动检测。在标准 IMM 算法中,确定马尔可夫转移概率时没有充分利用当前时刻的所有有用信息,而是根据先验知识人为确定,将马尔科夫转移概率自适应设置的思想,引入 IMM 算法中,可进一步提高滤波精度。

模型 j 的状态与量测方程为

$$\begin{cases} \boldsymbol{X}_j(k+1) = \boldsymbol{\Phi}_j(k)\boldsymbol{X}_j(k) + \boldsymbol{W}_j(k) \\ \boldsymbol{Z}(k+1) = \boldsymbol{H}_j(k+1)\boldsymbol{X}_j(k+1) + \boldsymbol{V}_j(k+1) \end{cases} \quad (3-2)$$

式中:$\boldsymbol{\Phi}_j(k)$ 表示第 j 个模型 k 时刻的状态变换矩阵;$\boldsymbol{H}_j(k+1)$ 表示第 j 个模型 $k+1$ 时刻的量测矩阵;$\boldsymbol{W}_j(k)$ 和 $\boldsymbol{V}_j(k+1)$ 分别为 k 时刻和 $k+1$ 时刻不相关的零均值高斯白噪声,它们的方差分别记为 $\boldsymbol{Q}_j(k)$ 和 $\boldsymbol{R}_j(k+1)$。

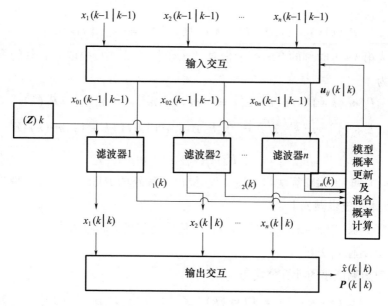

图3-3 IMM算法流程

$m_i(k)$ 为 k 时刻模型 i 与当前目标的运动模式匹配,则第 $k+1$ 时刻模型状态转移概率矩阵的计算公式为

$$P_{ij}(k+1) = P\{m_j(k+1) \mid m_i(k), Z^{k+1}\}$$
$$= \frac{P\{Z(k+1) \mid m_j(k+1), m_i(k), Z^k\}}{P\{Z(k+1) \mid m_i(k), Z^k\}} \cdot P\{m_j(k+1) \mid m_i(k), Z^k\}$$

(3-3)

$$P\{Z(k+1) \mid m_j(k+1), m_i(k), Z^k\} = N[Z(k+1) : \hat{Z}(k+1) \mid k, S_{ij}(k+1)]$$

(3-4)

(1)量测信息:

$$v_{ij}(k+1) = Z(k+1) - H_j(k+1)\hat{X}_j(k+1 \mid k, m_i(k))$$
$$= H_j(k+1)X_j(k+1) + V_j(k+1) - H_j(k+1)\Phi_j(k)\hat{X}_i(k \mid k)$$
$$= H_j(k+1) \cdot W_j(k) + V_j(k+1) + H_j(k+1)\Phi_j(k)[X_j(k) - \hat{X}_i(k \mid k)]$$

(3-5)

(2)信息协方差:

$$S_{ij}(k+1) = E\{v_{ij}(k+1)v_{ij}(k+1)'\} = R_j(k+1) + H_j(k+1)F_j(k)\hat{P}_{ij}(k \mid k)$$
$$F_j(k)' \cdot H_j(k+1)' + H_j(k+1)Q_j(k)H_j(k+1)' \quad (3-6)$$

$$\hat{P}_{ij}(k|k) = E\{[X_j(k) - \hat{X}_i(k|k)][X_j(k) - \hat{X}_i(k|k)]'\} \qquad (3-7)$$

因为第 $k+1$ 时刻的有效模型信息并未包括于 Z^k 中,故取 k 时刻的模型转移概率为

$$P\{m_j(k+1) | m_i(k), Z^k\} = P\{m_j(k) | m_i(k-1), Z^k\} = P_{ij}(k) \qquad (3-8)$$

$$P\{Z(k+1) | m_i(k), Z^k\} = \sum_j P\{Z(k+1) | m_j(k+1), m_i(k), Z^k\} \cdot P\{m_j(k+1) | m_i(k), Z^k\} \qquad (3-9)$$

结合标准的 IMM 算法与上述过程,提出一种新的 IMM 算法,可实现参数自适应,具体实现步骤如下。

步骤 1:按式(3-3)~式(3-9)在线估计马尔可夫转移概率。

步骤 2:输入交互。

模型预测概率的计算公式为

$$\mu_j(k|k-1) = P(m_j(k) | Z^{k-1}) = \sum_i P_{ij}\mu_i(k-1) \qquad (3-10)$$

计算混合权重为

$$\mu_{ij}(k-1) = P(m_i(k-1) | m_j(k), Z^{k-1}) = P_{ij}\mu_i(k-1) / \mu_j(k|k-1) \qquad (3-11)$$

输入交互估计为

$$\hat{X}_{oj}(k-1|k-1) = E[X(k-1) | m_j(k), Z^{k-1}]$$
$$= \sum_i \hat{X}_i(k-1|k-1)\mu_{i|j}(k-1) \qquad (3-12)$$

协方差的计算公式为

$$P_{oj}(k-1|k-1) = \sum_i [P_i(k-1|k-1) + (\hat{X}_j(k-1|k-1) - \hat{X}_i(k-1|k-1)) \cdot (\hat{X}_j(k-1|k-1) - \hat{X}_i(k-1|k-1))'\mu_{i|j}(k-1)] \qquad (3-13)$$

步骤 3:滤波估计。

第 j 个模型 k 时刻的输入记为 $\hat{X}_{oj}(k-1|k-1)$、$P_{oj}(k-1|k-1)$,则与之对应的输出分别为 $\hat{X}_j(k|k)$、$P_j(k|k)$。

步骤 4:模型概率的更新。

似然函数的定义为

$$\Lambda_j(k) = P(v_j(k) | m_j(k), Z^{k-1}) \qquad (3-14)$$

计算模型概率为

$$\boldsymbol{\mu}_j(k) = \boldsymbol{\mu}_j(k\mid k-1)\Lambda_j(k) \Big/ \sum_i \boldsymbol{\mu}_i(k\mid k-1)\Lambda_i(k) \quad (3-15)$$

步骤5:输出交互,分为状态量和协方差的融合。

状态量融合的计算公式为

$$\hat{\boldsymbol{X}}(k\mid k) = E[\boldsymbol{X}(k)\mid \boldsymbol{Z}^k] = \sum_j \hat{\boldsymbol{X}}_j(k\mid k)\boldsymbol{\mu}_j(k) \quad (3-16)$$

协方差融合的计算公式为

$$\boldsymbol{P}(k\mid k) = \sum_j [\boldsymbol{P}_j(k\mid k) + (\hat{\boldsymbol{X}}(k\mid k) - \hat{\boldsymbol{X}}_j(k\mid k)) \cdot$$

$$((\hat{\boldsymbol{X}}(k\mid k) - \hat{\boldsymbol{X}}_j(k\mid k))^{\mathrm{T}}] = \boldsymbol{\mu}_j(k) \quad (3-17)$$

改进的IMM算法在机动目标跟踪过程中可以有效地降低人为因素的干扰,因为该算法在马尔可夫状态转移概率矩阵的估计中融入了有用的历史信息,并实时考虑目标的运动情况,而不再人为设定固定值的马尔可夫状态转移概率矩阵。

针对本书的研究对象,为实现对蛇形机动目标的准确跟踪,改进IMM算法采用以下4种目标运动模型,分别为水平匀速直线运动模型、匀加速直线运动模型、水平匀速率转弯运动模型和俯冲匀速率转弯运动模型,它们的状态转移矩阵分别为

$$\boldsymbol{F}_1 = \begin{bmatrix} \boldsymbol{\Phi}_1 & 0 & 0 \\ 0 & \boldsymbol{\Phi}_2 & 0 \\ 0 & 0 & \boldsymbol{\Phi}_3 \end{bmatrix}, \boldsymbol{\Phi}_1 = \boldsymbol{\Phi}_2 = \begin{bmatrix} 1 & T & 0 \\ 0 & 1 & 0 \\ 0 & 0 & 0 \end{bmatrix}, \boldsymbol{\Phi}_3 = \begin{bmatrix} 1 & 0 & 0 \\ 0 & 0 & 0 \\ 0 & 0 & 0 \end{bmatrix} \quad (3-18)$$

$$\boldsymbol{F}_2 = \begin{bmatrix} \boldsymbol{\Phi}_1 & 0 & 0 \\ 0 & \boldsymbol{\Phi}_2 & 0 \\ 0 & 0 & \boldsymbol{\Phi}_3 \end{bmatrix}, \boldsymbol{\Phi}_1 = \boldsymbol{\Phi}_2 = \boldsymbol{\Phi}_3 = \begin{bmatrix} 1 & T & T^2/2 \\ 0 & 1 & T \\ 0 & 0 & 1 \end{bmatrix} \quad (3-19)$$

$$\boldsymbol{F}_3 = \begin{bmatrix} \boldsymbol{\Phi}_1 & \boldsymbol{\Phi}_2 & 0 \\ \boldsymbol{\Phi}_3 & \boldsymbol{\Phi}_1 & 0 \\ 0 & 0 & \boldsymbol{\Phi}_4 \end{bmatrix}, \boldsymbol{\Phi}_1 = \begin{bmatrix} 1 & \sin(\omega T)/\omega & 0 \\ 0 & \cos(\omega T) & 0 \\ 0 & 0 & 0 \end{bmatrix}, \boldsymbol{\Phi}_2 = -\boldsymbol{\Phi}_3$$

$$= \begin{bmatrix} 0 & (\cos(\omega T)-1)/\omega & 0 \\ 0 & \sin(\omega T) & 0 \\ 0 & 0 & 0 \end{bmatrix}, \boldsymbol{\Phi}_4 = \begin{bmatrix} 1 & 0 & 0 \\ 0 & 0 & 0 \\ 0 & 0 & 0 \end{bmatrix} \quad (3-20)$$

$$F_4 = \begin{bmatrix} \boldsymbol{\Phi}_1 & 0 & \boldsymbol{\Phi}_2 \\ 0 & \boldsymbol{\Phi}_4 & 0 \\ \boldsymbol{\Phi}_3 & 0 & \boldsymbol{\Phi}_1 \end{bmatrix}, \boldsymbol{\Phi}_1 = \begin{bmatrix} 1 & \sin(\omega T)/\omega & 0 \\ 0 & \cos(\omega T) & 0 \\ 0 & 0 & 0 \end{bmatrix}, \boldsymbol{\Phi}_2 = -\boldsymbol{\Phi}_3$$

$$= \begin{bmatrix} 0 & (\cos(\omega T)-1)/\omega & 0 \\ 0 & \sin(\omega T) & 0 \\ 0 & 0 & 0 \end{bmatrix}, \boldsymbol{\Phi}_4 = \begin{bmatrix} 1 & 0 & 0 \\ 0 & 0 & 0 \\ 0 & 0 & 0 \end{bmatrix} \quad (3-21)$$

式中:ω 表示转弯角速率;T 表示仿真采样间隔。

3.3 目标运动特性识别及其表征参数估计

实现对目标的准确跟踪后,下一步根据目标滤波参数,识别目标的运动特性并估计其表征参数。对直线运动的模式识别较简单,下面重点讲述对蛇形机动模式的识别以及机动幅度的估计问题。

3.3.1 基于位置量变化规律的蛇形机动模式识别及幅度估计

对于发射后弹丸不再受控的高炮系统来说,识别出目标当前所处的运动模式,用于其未来点预测,显得尤为重要。本书主要研究对象是处于匀速直线运动模式或水平面内横向蛇形机动模式的目标。识别匀速直线运动模式比较简单,故本节重点研究如何识别水平面内横向蛇形机动模式以及在识别出的基础上估计蛇形机动幅度的方法。

谈到目标运动模式特征分析和识别,必须弄明白特征的概念以及寻找特征的原因。简单地说,特征是物体内在的一种属性,具有唯一且稳定的性质,利用不同物体特征的差异性可区分出彼此;而物体的表象不具备唯一且稳定的性质,当然也就不能用来区分彼此,所以,运动模式特征分析和识别是利用存在差异的特征量区分各自模式的过程[38]。

对于匀速直线运动模式或水平面内横向蛇形机动模式而言,其线速度大小是常数,加速度 a 和位置变化量 $\Delta y/\Delta x$ 的变化规律不一样,故选择加速度 a 和位置变化量 $\Delta y/\Delta x$ 作为特征量。两种运动模式的特征量具有如下特点。

(1)匀速直线运动:$a = 0, \Delta y/\Delta x = (y(t+1) - y(t))/(x(t+1) - x(t)) =$

v_y/v_x = constant。

(2)水平面内横向蛇形机动:$\alpha \neq 0, \Delta y/\Delta x$:选择合适的区间段对其进行直线拟合,计算直线的斜率。若区间合适,则会出现斜率大小相等、符号相反的情况,如图3-4所示,图(a)是用滤波数据计算的结果,图(b)是用真值计算的结果。从图中可以看出,以点①和点③为端点的区间内,以点②为分界点,两条拟合直线的斜率大小相等、符号相反。

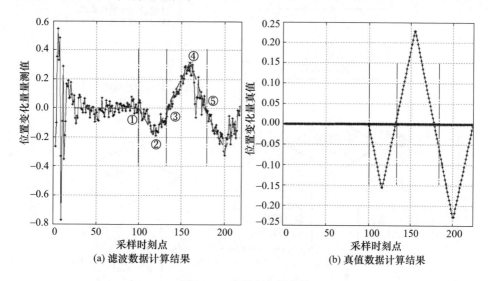

图3-4 位置变化量曲线

为进行蛇形机动模式识别及幅度估计,首先给出几个定义:

定义1:拐点是指两种不同模式转换的时刻点,如图3-4中点①。

定义2:与所选择的基准值大小一致相对应的时刻点称为参考点,如图3-4中的点③、点⑤。

定义3:极值点是指位置变化量值是局部最大或局部最小时对应的时刻点,如图3-4中的点②、点④。

拐点的计算方法采用累加弦长的方法。参考点主要用来分割进行直线拟合的分段区间,其计算方法如图3-5所示。在得到至少三个极值点的前提下,若任意一个极大值和极小值的均值大小一致,则称为规范的蛇形机动模式,反之称为非规范的蛇形机动模式,鉴于非规范蛇形机动的非规律性,本书仅考虑规范蛇形机动模式。最佳的参考点值应由所有已知的极大值和极小值取平均得到;在未取得至少一个极大值和一个极小值时,应把拐点值作为参考点;在没有拐点时,以极值和初始值的均值作为参考点值。极值点主要用作直线拟合分段区间的中心点,其选择参考文献[39]中的方法。

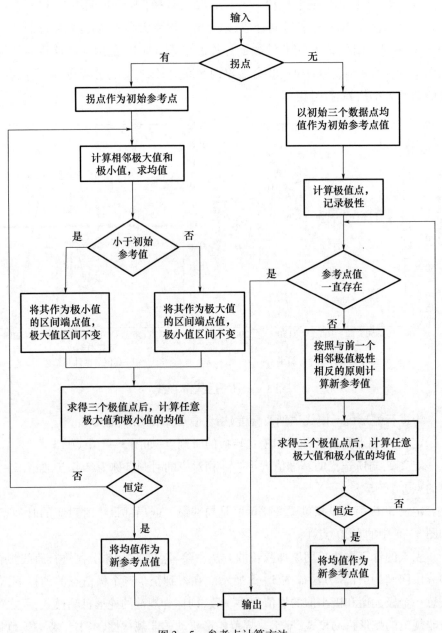

图3-5 参考点计算方法

综上所述,提出基于位置量变化规律的蛇形机动模式识别及幅度估计算法,其流程如图3-6所示,具体实现步骤如下。

第3章 自适应射击窗体制下的目标跟踪

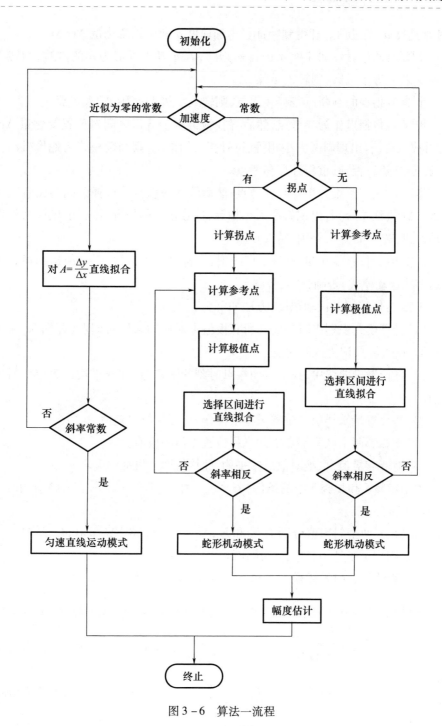

图 3-6 算法一流程

步骤1：目标特征量提取。从滤波数据中选择原始数据：位置(x,y,z)、速度

v 和加速度 a，经过预处理得到特征量为加速度 a 和位置变化量 $\Delta y/\Delta x$。

步骤 2：通过目标加速度 a 进行初判断，若 a 等于近似为零的常数，则转入步骤 6；若 a 等于常数，则转入步骤 3。

步骤 3：拐点的判断。若存在拐点，则转入步骤 4；否则，转入步骤 5。

步骤 4：将拐点作为参考点，然后寻找极值点。选择区间对位置变化量 $\Delta y/\Delta x$ 直线拟合，若出现斜率大小相等、符号相反的情况，则当前模式为蛇形机动模式，转入步骤 7；否则，重新计算参考点。

步骤 5：按照预设方案计算参考点，然后寻找极值点。选择区间对位置变化量 $\Delta y/\Delta x$ 直线拟合，若出现斜率大小相等、符号相反的情况，则当前模式为蛇形机动模式，转入步骤 7；否则，转入步骤 2。

步骤 6：对位置变化量 $\Delta y/\Delta x$ 直线拟合，若斜率为常数，则当前运动模式为匀速直线运动模式，否则，转入步骤 2。

步骤 7：估计蛇形机动幅度，方法如下。

(1) 计算模式识别出时刻之前所有极值点对应的采样时刻点（即图 3-4 中的点②、点④等），记为区间端点。

(2) 在位置量曲线中，找出区间端点时刻的采样值，并取平均记为位置量基准值。

(3) 将位置量采样值与位置量基准值作差，记为位置差值。

(4) 在相邻两个区间端点之间选择位置差值的极值。

(5) 对所有极值，取绝对值后求平均，此均值即为机动幅度。

关于步骤 4 和步骤 5 中的条件"斜率大小相等、符号相反"，在具体应用时可选择如下条件：

假设相邻两个斜率值分别为 k_1 和 k_2，$\Delta k = k_1 + k_2$，若 $|\Delta k/\max\{k_1,k_2\}| \leq \gamma$，$0 \leq \gamma \leq 1$，则满足条件。其中，$\gamma$ 为阈值。

进行直线拟合时采用最小二乘直线拟合方法，过程如下。

假设直线 $y = kx + b$ 为最小二乘直线，则 $F(k,b) = \sum_{i=1}^{n}(y_i - kx_i - b)^2 = \min$。

求偏导：$\dfrac{\partial F}{\partial F} = -2\sum_{i=1}^{n} x_i(y_i - kx_i - b)$，$\dfrac{\partial F}{\partial b} = -\sum_{i=1}^{n}(y_i - kx_i - b)$，因为 $\dfrac{\partial F}{\partial k} = 0$，$\dfrac{\partial F}{\partial b} = 0$，所以可得 $\sum_{i=1}^{n} x_i(y_i - kx_i - b) = 0$，$\sum_{i=1}^{n}(y_i - kx_i - b) = 0$，展开并移项，则有

$$k\sum_{i=1}^{n} x_i^2 + b\sum_{i=1}^{n} x_i = \sum_{i=1}^{n} x_i y_i, \quad k\sum_{i=1}^{n} x_i + \sum_{i=1}^{n} b = \sum_{i=1}^{n} y_i \qquad (3-22)$$

解得

$$k = \left| \begin{matrix} \sum_{i=1}^{n} x_i y_i & \sum_{i=1}^{n} x_i \\ \sum_{i=1}^{n} y_i & n \end{matrix} \right| \bigg/ \left| \begin{matrix} \sum_{i=1}^{n} x_i^2 & \sum_{i=1}^{n} x_i \\ \sum_{i=1}^{n} x_i & n \end{matrix} \right|,$$

$$b = \left| \begin{matrix} \sum_{i=1}^{n} x_i^2 & \sum_{i=1}^{n} x_i y_i \\ \sum_{i=1}^{n} x_i & \sum_{i=1}^{n} y_i \end{matrix} \right| \bigg/ \left| \begin{matrix} \sum_{i=1}^{n} x_i^2 & \sum_{i=1}^{n} x_i \\ \sum_{i=1}^{n} x_i & n \end{matrix} \right| \quad (3-23)$$

因为蛇形机动的幅度一般在 20～200m, 所以位置变化量拟合直线的斜率较小, 容易受到噪声的影响, 故改进步骤 4 和步骤 5 中通过比较拟合直线斜率大小进行模式识别的方法, 并记为算法二。其计算过程如下:

记目标位置量坐标为 (x,y,z), 取包括三个相邻参考点的区间段, 如图 3-7 中的 AC 时间段, 仅对位置分量 y 进行最小二乘直线拟合, 得 $y' = kx' + b$, 对位置量作如下处理: $y'' = y - (kx + b)$, 则新位置量记为 (x, y'', z)。记 A 点、B 点、C 点和 D 点的坐标依次为 (x_a, y_a)、(x_b, y_b)、(x_c, y_c) 和 (x_d, y_d)。将 A 点、B 点和 D 点连成三角形, 计算 $\angle ADB$。计算过程如下: $a = \sqrt{(x_d - x_a)^2 + (y_d - y_a)^2}$, b, c 同理可得。利用反余弦定理 $\alpha = \cos((a^2 + b^2 - c^2)/(2ab))$, $\alpha \in (0° \quad 180°)$, 若计算 $\alpha < 0°$, 则 $\alpha = \alpha + 180°$。同理, 也可计算 $\angle BEC$。若满足公式 $|\angle BEC - \angle ADB|/\max\{\angle BEC, \angle ADB\} | \leq \gamma$, $0 \leq \gamma \leq 1$, 则判定目标当前所处模式是蛇形机动模式。其中, γ 称为阈值。

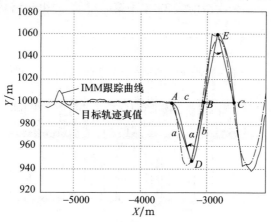

图 3-7 算法二原理示意图

3.3.2 蛇形机动模式识别算法仿真

本节采用蒙特卡罗仿真方法,验证所提两种算法的可行性和有效性,并分析目标速度和蛇形机动幅度大小对算法性能的影响。评价算法的指标选为蛇形机动模式识别率、识别所需周期和机动幅度估计精度三个指标。此处的识别所需周期是指识别出蛇形机动模式时目标已完成的蛇形机动周期个数,它表示至少需要此段时间内的采样数据才能识别出蛇形机动,即迟延时间,而不是算法本身的计算时间。

仿真条件:

蒙特卡罗仿真次数为500次,阈值 $\gamma = 0.05$。

第一组:速度 $v = 200 \text{m/s}$,机动幅度真值 $r = 140 \text{m}$。

第二组:速度 $v = 200 \text{m/s}$,机动幅度真值 $r = 115 \text{m}$。

第三组:速度 $v = 200 \text{m/s}$,机动幅度真值 $r = 140 \text{m}$。

仿真结果:

如图3-8~图3-12和表3-1、表3-2所示。表3-2是算法一在各组仿真条件下识别出蛇形机动所需周期个数统计,图3-8(a)、(b)、(c)分别与表3-2中第一组、第二组和第三组数据相对应;图3-9表示在不同仿真条件下算法一和算法二得到的500个蛇形机动幅度估计值,图3-9(a)、(b)对应表3-1第一组仿真条件,图3-9(c)、(d)对应表3-1第二组仿真条件,图3-9(e)、(f)对应表3-1第三组仿真条件;分别将算法一和算法二得到的500个蛇形机动幅度估计值进行区间划分,划分后的二维垂直条形图和饼图如图3-10~图3-12所示,三个图依次对应表3-1中第一组、第二组和第三组仿真条件。

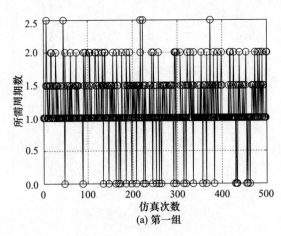

(a) 第一组

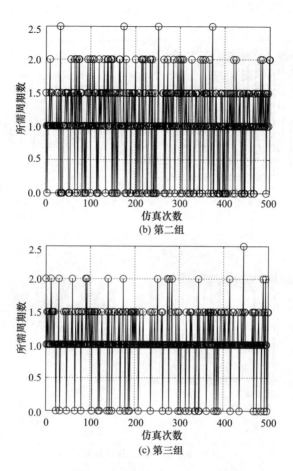

图3-8 算法一在不同条件下识别所需周期个数

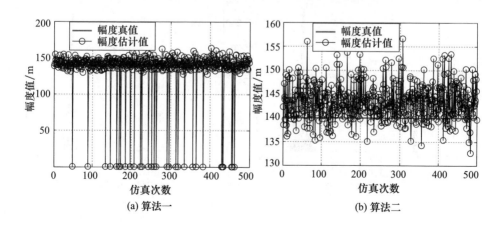

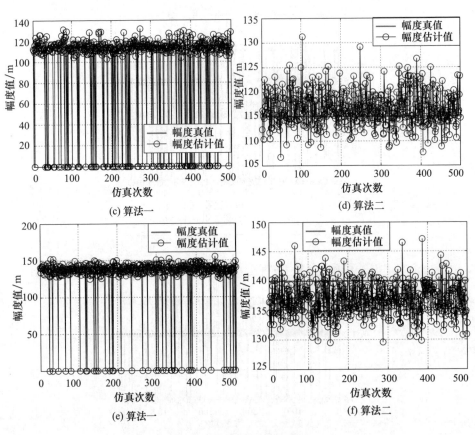

图 3-9 不同算法的机动幅度

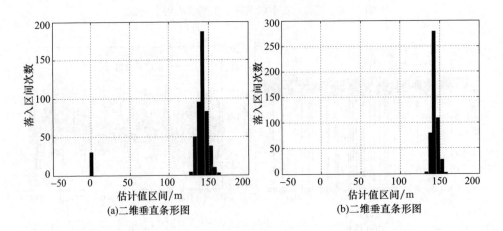

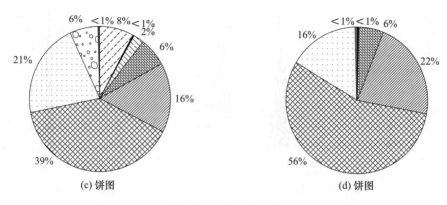

(c) 饼图 (d) 饼图

图 3-10 仿真条件一下的二维垂直条形图和饼图

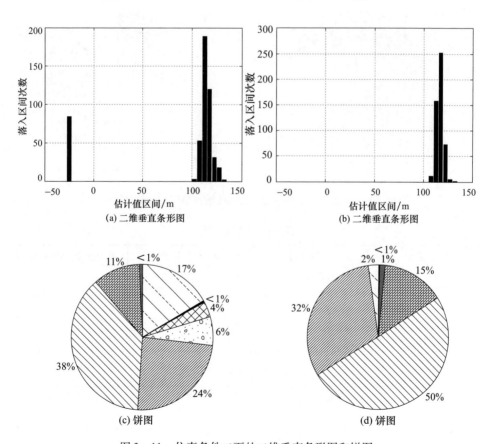

图 3-11 仿真条件二下的二维垂直条形图和饼图

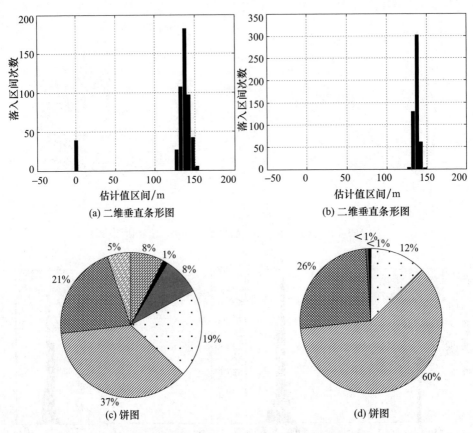

图 3-12 仿真条件三下的二维垂直条形图和饼图

表 3-1 仿真数据

组别	速度/(m/s)	机动幅度/m	模式识别率/%		识别所需周期个数		机动幅度估计值/m	
			算法一	算法二	算法一	算法二	算法一	算法二
第一组	200	140	94	100	见表 3-2	1	142.3	143.3
第二组	200	115	83.2	100	见表 3-2	1	114.7	116.6
第三组	300	140	92.2	100	见表 3-2	1	137.9	136.7

表 3-2 识别所需周期个数

组别	需要 1 个周期	需要 1.5 个周期	需要 2 个周期	需要 2.5 个周期
第一组	293	124	48	5
第二组	231	135	46	4
第三组	344	100	16	1

结果分析：

(1) 从表3-1可以看出，无论哪组仿真条件，算法二的模式识别率都是100%，均好于算法一。算法一的模式识别率未达到100%，是因为从IMM滤波算法中获得的目标位置存在误差。目标位置误差越小，识别率越高，两者成反比关系。而算法二识别率一直为100%，是因为算法二中的角度值比算法一中的拟合直线斜率要大，取相同的阈值γ时，前者可容忍的绝对误差要大于后者，故算法二优于算法一。这说明在相同的目标位置误差条件下，算法二的鲁棒性要好于算法一。

(2) 根据表3-1、表3-2和图3-8中数据，表3-2中数据来源于图3-8，算法二仅需要一个周期就能识别出蛇形机动模式，而在三组仿真条件下算法一能在一个周期内识别出蛇形机动模式的概率分别为58.6%、46.2%、68.8%，表明算法一需要迟延更多的时间，这对于有效射击时间很短暂的高炮系统来说，非常不利，从这点分析，算法二优于算法一。

(3) 根据表3-1中数据，分析机动幅度估计精度，算法一仅考虑已识别出蛇形机动模式的情况，在三种仿真条件下，算法一估计结果与机动幅度真值的相对误差分别为1.6%、-0.3%、-1.5%，同理可得，算法二的相对误差分别为2.4%、1.4%、2.4%，对这三个误差的绝对值取平均，分别为1.1%和2.1%。虽然算法二的精度低于算法一，但两者相差很小。

(4) 分析算法一的模式识别率，在机动幅度减小时，识别率降低，这是因为位置变化量$\Delta y/\Delta x$拟合直线的斜率减小，在相同的阈值γ条件下，其绝对误差需要减小，故在相同的误差条件下，识别率降低；在速度增大时，其识别率也降低，这是由于位置变化量$\Delta y/\Delta x$拟合直线的斜率减小造成的。但在同样变化条件下，算法二中的角度都会增加，正好与算法一相反，所以其识别率会增大，见表3-1，识别率均为100%，没有变化。同样，可以看出，算法二识别出蛇形机动模式仅迟延一个周期，不受影响。这说明算法一的性能变化比较明显。

(5) 考虑机动幅度估计精度这个指标，从表3-1中数据可知，三组仿真条件下，算法一和算法二的计算误差均小于3%。500次蛇形机动幅度的估计值分布规律见图3-9~图3-12，两种算法计算结果的变化不明显，算法一的估计结果跨度较大，被划分的区间较多，说明其结果比较分散；算法二结果的分散度比算法一小。

综上所述，由(1)~(3)可以看出，算法二要优于算法一；由(4)和(5)可知，目标速度和蛇形机动幅度的大小对算法二的影响不大，但对算法一的影响较明显。

3.3.3 目标不同运动模式下的表征参数分析

滤波误差可表征目标运动参数估计的效果。滤波误差越小,估计精度越高。通常用滤波误差方差统计滤波误差,它表示估计值偏离真值的幅度。自适应射击窗火控技术计算射击窗最优技术参数的主要依据是目标的运动参数,故对目标运动参数的估计值和滤波误差方差是重要的参数。下面分别给出处于匀速直线运动模式或水平面内横向蛇形机动模式目标的运动表征参数。

对处于匀速直线运动模式的目标来说,其运动表征参数是位置量、速度、加速度以及滤波误差方差;对处于水平面内横向蛇形机动模式的目标来说,其运动表征参数是位置量、速度、加速度、蛇形机动幅度和周期以及滤波误差方差。

3.4 小结

本章研究了自适应射击窗火控算法的第一个主要步骤——目标运动特性的识别及其表征参数的估计。提出了两种基于位置量变化规律的蛇形机动模式识别及幅度估计算法,通过仿真验证了所提出算法的有效性,并比较了两种算法的差异,解决了蛇形机动模式识别问题。本章估计出的目标运动表征参数将应用到目标未来点信息的预测中。

参考文献

[1] 肖颖. 多模射击火控技术研究[D]. 石家庄:军械工程学院,2013.

[2] Bar – Shalom Y. Tracking methods in a multi – target environment[J]. IEEE Trans. on AC, 1978,23(4):618 – 628.

[3] Mori S,CHONG C Y,TSE E,et al. Tracking and classifying targets without a priori identification[J]. IEEE Trans. on AC,1986,31(5):401 – 409.

[4] STONE L D. BARLOW C A,CORWIN T L. Bayesian multiple target tracking[M]. Norwood, MA:Artech House,1999.

[5] BLACKMAN S S,BROIDA T J,CARTIER M F. Applications of a phased array antenna in a multiple maneuvering target environment[C]//Proc. of 1981 IEEE Conf. on Decision and Control,San Diego,1981:1413 – 1418.

[6] HELFERTY J P. Improved tracking of maneuvering targets:the use of turn – rate distributions

for acceleration modeling[J]. IEEE Trans. on AES,1996,32(4):1355 – 1361.

[7] WHANG I H,LEE J G,SUNG T K. Modified input estimation technique using pseudoresiduals [J]. IEEE Trans. on AES,1994,30(1):220 – 228.

[8] MOOSE R L. An adaptive state estimation solution to the maneuvering target problem [J]. IEEE Trans. on AC,1975,20(3):359 – 362.

[9] GHOLSON N H,Moose R L. Maneuvering target tracking using adaptive state estimation [J]. IEEE Trans. on AES,1977,13(3):310 – 317.

[10] CHAN Y T,COUTURE F. Maneuver detection and track correction by input estimation [J]. IEEE Proceedings. Part F,1993,140(1):21 – 28.

[11] ZHOU H R. Tracking of maneuveing targets[D]. Twin Cities:University of Minnesota,1984.

[12] 侯明,王培德. 机动目标模型与跟踪算法[J]. 航空学报,1990,11(5):282 – 287.

[13] LI X R,BAR – SHALOM Y. Design of an interacting multiple model algorithm for air traffic control tracking[J]. IEEE Trans. on Control Systems Technology,1993,1(3):186 – 194.

[14] 潘泉. 多目标跟踪算法研究[D]. 西安:西北工业大学,1991.

[15] LI X R,BAR – SHALOM Y. Multiple – model estimation with varible structure[J]. IEEE Trans. on AC,1996,41(4):478 – 493.

[16] 刘刚. 多目标跟踪算法及实现研究[D]. 西安:西北工业大学,2003.

[17] 梅卫. 多传感器联合目标跟踪与识别[D]. 石家庄:军械工程学院,2003.

[18] MEI W,SHAN G L,WANG H F. Comments on joint target tracking and classification using radar and esm sensors[J]. IEEE Trans. On Aerospace and Electronic Systems,2004,40(2):765 – 766.

[19] 王洪锋. 低空反导目标跟踪理论研究与系统设计[D]. 石家庄:军械工程学院,2005.

[20] MEI W,SHAN G L. Performance of a multiscan track – to – track association technique [J]. Elsevier Signal Processing,2005,85(1):15 – 22.

[21] MEI W,SHAN G L,X. R. Li. Simultaneous tracking and classification:a modularized scheme [J]. IEEE Trans. On Aerospace and Electronic Systems,2007,43(2):581 – 599.

[22] BLOOM H A P,BAR – SHARLOM Y. The interacting multiple model algorithm for systems with Markovian switching coefficients[J]. IEEE Trans. on AC,1988,33(8):780 – 783.

[23] MAZOR E,AVERBUCH A,BAR – SHALOM Y,et al. Interacting multiple model methods in target tracking:a survey[J]. IEEE Trans. Aerospace and Electronic Systems,1998,34(1):103 – 123.

[24] ZARCHAN P,Alpert J. Using filter banks to improve interceptor performance against weaving targets[C]. AIAA Guidance,Navigation and control conference and exhibit,Colorado,2006.

[25] WEISS M. Robust analysis of guidance performance against weaving targets[C]. AIAA Guidance,Navigation and control conference and exhibit,Hawaii,2008.

[26] MARKS. G M. Multiple models adaptive estimation for improving guidance performance against weaving targets[C]. AIAA Guidance,Navigation and control conference and exhibit,

Colorado,2006.

[27] LIU Z L,CAO J,YUAN Z T. Maneuvering target tracking using adaptive models in a particle filter[C]. 2011 3rd international workshop on ISA,Wu Han,China,2011:1 - 4.

[28] FAN H Q,ZHU Y L,FU Q. Impact of mode decision delay on estimation error for maneuvering target interception[J]. IEEE Transactions on Aerospace and Electronic Systems,2011,47(1):702 - 711.

[29] 于兵,饶世钧. 巡航导弹现状与防御对策研究[J]. 航天电子对抗,2004(3):13 - 16,29.

[30] 张宏. 巡航导弹的作战使用特点及对抗途径[J]. 舰船电子对抗,2009,32(4):19 - 24.

[31] 冯元伟,夏小华,吴艳征. 导弹两种蛇形机动对反导舰炮突防效果比较[J]. 火力与指挥控制,2011,36(8):107 - 109,113.

[32] 刘恒,梅卫,单甘霖. 基于位置量变化率的蛇形机动弹道识别[J]. 探测与控制学报,2013,35(3):37 - 40.

[33] LANEUVILLE D. Polar versus Cartesian velocity models for maneuvering target tracking with IMM[C]//Proc. of 2013 IEEE Aerospace Conference,Big Sky,MT,2013:1 - 15.

[34] HAN C W. KANG,S J,KIM N S. Reverberation and noise robust feature compensation based on IMM[J]. IEEE Trans. Audio,Speech and Language Processing,2013,21(8):1598 - 1611.

[35] SEBESTA K D,BOIZOT N. A Real – time adaptive high – gain EKF,applied to a quadcopter inertial navigation system[J]. IEEE Trans. on Industrial Electronics,2014,61(1):495 - 503.

[36] 秦雷,李君龙,周获. 基于交互式多模型算法跟踪临近空间目标[J]. 系统工程与电子技术,2014,36(7):1243 - 1249.

[37] SABUNCU M,DEMIREKLER M. IMM – PF for increased performance for maneuvering target tracking[C]//IEEE 19th signal processing and communications applications conference,2011:1044 - 1047.

[38] 杜布洛文,诺维科夫,福明柯. 现代几何学:方法和应用(第一卷)——几何曲面、变换群和场[M]. 许明,译. 5 版. 北京:高等教育出版社,2006.

[39] 闫明,段发阶. 曲线的特征识别方法研究[J]. 传感技术学报,2006,19(3):724 - 727,749.

第4章　自适应射击窗参数计算

评价高炮系统的射击效率指标有毁歼概率、命中概率、毁歼目标平均数、平均命中弹数等,它们之间存在着紧密联系并非相互独立[1]。考虑到自适应射击窗火控技术的实际,选择毁歼概率作为评价指标是合理的。

现有的"着发射击高炮系统毁歼概率计算模型"是以目标提前点作为坐标系原点,未考虑提前点的位置预测误差,且仅适用于集火射击。为将其应用于自适应射击窗火控技术中,需要对此模型从两方面加以改进:一是提出对目标提前点位置预测误差的处理方法;二是基于空域窗射击原理,构建空域窗射击毁歼概率计算模型,从而拓展原模型的应用范围。构建出以目标运动状态与射击窗技术参数为约束条件、毁歼概率为目标函数的计算模型后,研究相应的优化算法,用于求解射击窗技术参数。

4.1　毁歼概率计算模型

"着发射击高炮系统毁歼概率计算模型"是由参考文献[1]提出的,下面简单阐述该计算模型的原理、计算过程及适用范围。

通常建立图4-1所示的坐标系描述射击误差。

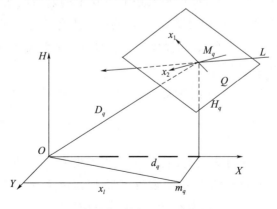

图4-1　射击误差坐标系

假定在 t 时刻弹丸与目标相遇,此时目标位置是 M_q 点,过目标位置点作与炮目连线 OM_q 垂直的平面 Q,将其记为坐标平面,在此平面上定义坐标系 $M_q - x_1 x_2$,过炮目连线 OM_q 的铅垂面与平面 Q 的交线为 x_1 轴,正向朝上;与 x_1 轴相垂直的方向为 x_2 轴,其正向与航向一致。射击误差 $x(t)$ 可分解为弹着点的高低偏差 $x_1(t)$ 和方向偏差 $x_2(t)$:

$$\boldsymbol{x}(t) = (x_1(t) \quad x_2(t))^{\mathrm{T}} \tag{4-1}$$

1. 射击误差分析

假设已修正单炮基线矢量,且忽略不计计算各个基线矢量时存在的误差,因为这些误差比较小[2]。见图 4-1,在此射击误差坐标系中,射击误差 $x(t)$ 可分解为系统误差 $A(t)$、不相关误差 $x_c(t)$、弱相关误差 $x_n(t)$ 和强相关误差 $x_g(t)$,后三种误差又统称为随机误差,它们的数学期望为零,并且这三类误差相互之间彼此独立。故射击误差 $x(t)$ 的分解公式为

$$\boldsymbol{x}(t) = \boldsymbol{A}(t) + \boldsymbol{x}_g(t) + \boldsymbol{x}_n(t) + \boldsymbol{x}_c(t) \tag{4-2}$$

其数学期望与协方差矩阵为

$$\boldsymbol{\mu} = E[x(t)] = \boldsymbol{A}(t), \boldsymbol{\Sigma} = \boldsymbol{\Sigma}_g + \boldsymbol{\Sigma}_n + \boldsymbol{\Sigma}_c \tag{4-3}$$

在任一时刻射击误差 $x(t)$ 均服从二维高斯分布 $N(\mu, \Sigma)$,其分布密度为

$$\varphi(t) = 1/(2\pi \sqrt{|\boldsymbol{\Sigma}|}) \exp\left[-\frac{1}{2}(x-\boldsymbol{\mu})^{\mathrm{T}} \boldsymbol{\Sigma}^{-1} (x-\boldsymbol{\mu})\right] \tag{4-4}$$

式中:$\boldsymbol{\Sigma}^{-1}$ 是矩阵 $\boldsymbol{\Sigma}$ 的逆阵。

不相关误差 $x_c(t)$ 的误差源是火炮点射散布误差以及火炮初速散布误差,它体现的是在平面 Q 上火力系统的弹着点散布误差;弱相关误差 $x_n(t)$ 的误差源由三部分构成:火控计算机的输出误差、火炮随动系统控制火炮瞄准时的误差及稳定装置稳定瞄准线的误差,即反映的是平面 Q 上的射击诸元误差(方位角误差 $\Delta\beta_q$ 和射角误差 $\Delta\varphi$);强相关误差 $x_g(t)$ 的误差源有初速总和偏差、空气密度总和偏差以及弹道风(分为纵风、横风),它体现的是各种气象弹道条件准备过程中的偏差量产生的误差。

系统误差 $A(t)$ 来源于火控系统输出误差的系统误差,它表示射击误差 x 的数学期望 A。

2. 射击误差模型转换

前面的随机误差可分为三类,记为"三类误差模型"。如果计算着发射击高炮点射毁歼概率时选择此模型,会很复杂,故需将其转换为"二类误差模型",方法是将弱相关误差 $x_n(t)$ 分解为不相关误差和强相关误差。

$$\Delta x(t) = x_I(t) + x_{II}(t) \tag{4-5}$$

式中：$x_I(t)$ 称为不相关误差或独立误差，因为在点射中对任意两次射击过程来说此误差是独立的；$x_{II}(t)$ 称为重复误差，因为在点射中对任意两次射击过程来说此误差是重复的。

3. 毁歼概率的积分表述

假设目标命中区域在平面 Q 上等价为以原点为中心、两边分别与坐标轴平行的正方形，其边长为 $2l$，那么该区域可表示为

$$\Omega: -l \leqslant x_1 \leqslant l, -l \leqslant x_2 \leqslant l \tag{4-6}$$

高炮系统的高炮门数为 m，单门高炮的炮管个数为 p，单个身管的发射弹数为 n，毁歼目标所需的平均命中弹数为 w，那么该系统一次点射毁歼概率 P_{Kmpn} 为

$$P_{Kmpn} = \iint_{-\infty}^{\infty} \{1 - [1 - P(x_{II})/w]^{mpn}\} \varphi_{II}(x_{II}) \mathrm{d}x_{II} \tag{4-7}$$

式中：

$$P(x_{II}) = \int_{-l}^{l}\int_{-l}^{l} 1/(2\pi\sqrt{|\Sigma_I|})$$
$$\exp\left[-\frac{1}{2} \cdot (x - x_{II} - A)^T \Sigma_I^{-1}(x - x_{II} - A)\right]\mathrm{d}x \tag{4-8}$$

$$\varphi_{II}(x_{II}) = 1/(2\pi\sqrt{|\Sigma_{II}|})\exp\left(-\frac{1}{2} \cdot x_{II}^T \Sigma_{II}^{-1} x_{II}\right) \tag{4-9}$$

前面介绍的着发射击高炮系统毁歼概率计算模型的原理如图 4-2 所示，它体现的是弹丸散布概率误差分布区域与目标命中区域之间的位置关系。

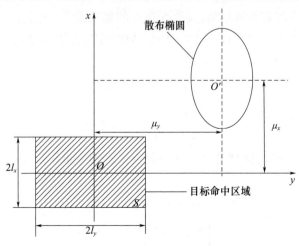

图 4-2 弹丸散布误差与典型目标命中区域关系示意图

4.2 毁歼概率模型的改进

在计算毁歼概率时将目标中心直接定于坐标系原点,这在实际中是无法实现的,因为目标坐标系原点也即真实的目标提前点无法得到,火控系统仅能给出预测提前点及现在点的相关信息。因为对目标处于预测提前点时的毁歼概率是预测问题,所以在实际过程中只能由验后统计结果得到,当目标当前运动模式未发生改变时,目标对未来空域窗的穿越性质与目标对跟踪系统的穿越性质具有相同的统计规律,故可以基于随机过程和统计学理论,根据目标现在点的相关信息对目标处于预测提前点时的毁歼概率进行研究。在计算其提前点预测误差之后,针对该误差的性质对其采取相应的处理方法;另外,原计算模型仅适用于集火射击方式,对未来空域窗射击方式并不适用,故需要对该模型加以改进,得到空域窗射击毁歼概率计算模型。

4.2.1 对目标提前点预测误差的处理

本节先提出目标提前点预测误差的计算方法,然后通过仿真验证算法的正确性。

4.2.1.1 提前点预测误差的计算方法

进行卡尔曼滤波时,可得到滤波误差的方差矩阵 $\boldsymbol{P}$,它表示滤波误差的统计特性。根据误差理论[3]:$\Delta = 3.37245\sigma$,其中,Δ 为极限误差,σ 为标准差,即 $\sqrt{\boldsymbol{P}}$。

假设目标作匀速直线运动,其在现在点的滤波值为 (X, V_x, Y, V_y, H, V_h)、滤波估计极限误差为 $(\Delta X', \Delta V'_x, \Delta Y', \Delta V'_y, \Delta H', \Delta V'_h)$,弹丸飞行时间为 t_f,则提前点的计算公式为

$$\begin{cases} X_q = X + V_x \cdot t_f \\ Y_q = Y + V_y \cdot t_f \\ H_q = H + V_h \cdot t_f \end{cases} \quad (4-10)$$

根据式(4-10),同理可得目标提前点位置预测极限误差 $(\Delta X, \Delta Y, \Delta H)$ 的计算公式为

$$\begin{cases} \Delta X = \Delta X' + \Delta V'_x \cdot t_f \\ \Delta Y = \Delta Y' + \Delta V'_y \cdot t_f \\ \Delta H = \Delta H' + \Delta V'_h \cdot t_f \end{cases} \quad (4-11)$$

目标提前点位置预测极限误差位于直角坐标系,而在计算毁歼概率时误差位于预测迎弹面坐标系,故首先需要将目标提前点位置预测极限误差(ΔX, ΔY, ΔH)进行坐标系转换,得到高低偏差 Δx_1(包括 ΔH 转换来的 Δx_{11} 和(ΔX, ΔY)转换来的 Δx_{12})和方向偏差 Δx_2(包括 ΔH 转换来的 Δx_{21} 和(ΔX, ΔY)转换来的 Δx_{22})。下面采用投影法进行坐标系转换,其详细步骤如下。

步骤 1:ΔH 转换为高低偏差 Δx_{11},如图 4-3 所示。

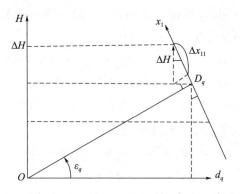

图 4-3 高度误差转换为高低偏差

则有

$$\Delta x_{11} = \cos\varepsilon_q \cdot \Delta H \qquad (4-12)$$

步骤 2:(ΔX, ΔY)转换成高低偏差 Δx_{12},如图 4-4 所示。

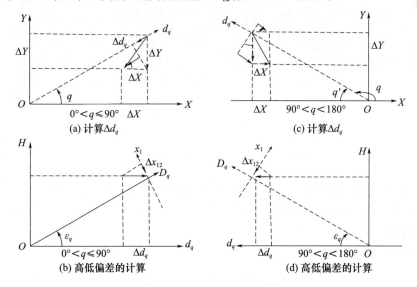

图 4-4 水平距离误差转换为高低偏差

图 4-4(a)表示在 $0°<q\leqslant 90°$ 情况下,计算 $(\Delta X,\Delta Y)$ 在水平距离方向上分量 Δd_q 的示意图;图 4-4(b)表示在 $0°<q\leqslant 90°$ 情况下, Δd_q 转换成高低偏差的示意图;图 4-4(c)表示在 $90°<q\leqslant 180°$ 情况下,计算 $(\Delta X,\Delta Y)$ 在水平距离方向上分量 Δd_q 的示意图;图 4-4(d)表示在 $90°<q\leqslant 180°$ 情况下, Δd_q 转换成高低偏差的示意图。公式如下:

当 $0°<q\leqslant 90°$ 时,有

$$\Delta x_{12} = -\sin\varepsilon_q \cdot \Delta d_q = -\sin\varepsilon_q \cdot (\Delta Y \cdot \sin q + \Delta X \cdot \cos q) \quad (4-13)$$

当 $90°<q<180°$ 时,有 $q' = \pi - q$,且

$$\begin{aligned}\Delta x_{12} &= -\sin\varepsilon_q \cdot \Delta d_q = -\sin\varepsilon_q \cdot (\Delta Y \cdot \sin q' - \Delta X \cdot \cos q') \\ &= -\sin\varepsilon_q \cdot (\Delta Y \cdot \sin q + \Delta X \cdot \cos q)\end{aligned} \quad (4-14)$$

由式(4-13)和式(4-14)可知, $(\Delta X,\Delta Y)$ 转换成的高低偏差 Δx_{12} 与 q 所在的象限无关。则高低偏差 Δx_1 的计算公式为

$$\begin{aligned}\Delta x_1 = \Delta x_{11} + \Delta x_{12} &= \cos\varepsilon_q \cdot \Delta H - \sin\varepsilon_q \cdot \\ & (\Delta Y \cdot \sin q + \Delta X \cdot \cos q)\end{aligned} \quad (4-15)$$

步骤 3: ΔH 在 Q 平面的投影曲线与 x_2 轴垂直,则 ΔH 转化成的方向偏差 $\Delta x_{21} = 0$。

步骤 4: $(\Delta X,\Delta Y)$ 转换成方向偏差 Δx_{22},如图 4-5 所示。

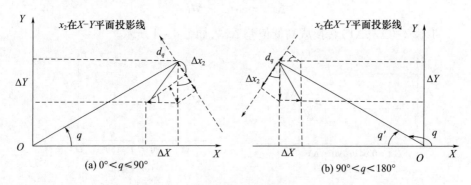

图 4-5 水平距离误差转换为方向偏差

图 4-5(a)表示在 $0°<q\leqslant 90°$ 情况下, $(\Delta X,\Delta Y)$ 转换成方向偏差 Δx_{22} 的示意图;图 4-5(b)表示在 $90°<q\leqslant 180°$ 情况下, $(\Delta X,\Delta Y)$ 转换成方向偏差 Δx_{22} 的示意图。

当 $0°<q\leqslant 90°$ 时,有

$$\Delta x_{22} = \Delta Y \cdot \cos q - \Delta X \cdot \sin q \quad (4-16)$$

当 $90° < q \leq 180°$ 时,有 $q' = \pi - q$,且

$$\Delta x_{22} = -\Delta Y \cdot \cos q' - \Delta X \cdot \sin q' = -\Delta Y \cdot \cos(\pi - q) - \Delta X \cdot \sin(\pi - q)$$
$$= \Delta Y \cdot \cos q - \Delta X \cdot \cos q \tag{4-17}$$

由式(4-16)和式(4-17)可知,$(\Delta X, \Delta Y)$转换成的方向偏差 Δx_{22} 大小与 q 所在的象限无关。则方向偏差 Δx_2 计算公式为

$$\Delta x_2 = \Delta x_{22} = \Delta Y \cdot \cos q - \Delta X \cdot \sin q \tag{4-18}$$

4.2.1.2 计算方法有效性的验证

基于 MATLAB 工具,首先验证式(4-15)和式(4-18)的正确性;然后基于 MATLAB/Simulink,设计不同航路条件下公式有效性验证系统,如图4-6所示,分别设置三种不同航路,采取验后统计的方法,通过比较公式计算结果与真值大小,分析各航路下的误差替代方法。

1. 公式正确性分析

在预测提前点 (X_q, Y_q, H_q) 和提前点误差 $(\Delta X, \Delta Y, \Delta H)$ 大小已知的前提下,分析式(4-15)和式(4-18)是否正确。

仿真条件:

(1) $X_q = 180, Y_q = 500, H_q = 100, \Delta X = 10, \Delta Y = 8, \Delta H = 5\text{m}$。

(2) $X_q = 180, Y_q = 500, H_q = 100, \Delta X = 80, \Delta Y = 60, \Delta H = 5\text{m}$。

仿真结果:

(1) 公式计算结果为 $\Delta x_1 = 3.6313, \Delta x_2 = 1.4840\text{m}$,真实提前点坐标 $X_q = 810, Y_q = 508, H_q = 105\text{m}$,真实的高低和方向偏差为 $\Delta x'_1 = 3.6312, \Delta x'_2 = 1.4840\text{m}$。

(2) $\Delta x_1 = -5.5308, \Delta x_2 = 8.4800\text{m}, X_q = 880, Y_q = 560, H_q = 105\text{m}, \Delta x'_1 = -5.5345, \Delta x'_2 = 8.4801\text{m}$。

结果分析:根据公式分别计算两组仿真条件下,公式计算结果与真值的相对误差为 $(\Delta x_1' - \Delta x_1)/\Delta x_1 = -0.0031\%$ 或 0.0662%,$(\Delta x_2' - \Delta x_2)/\Delta x_2 = 0\%$ 或 0.0011%,可以看出,公式计算结果与真值差别非常小,可以忽略,所以说式(4-15)和式(4-18)是正确的。

2. 固定偏差航路

固定偏差航路表示:航路中按照目标运动假定预测得到的各提前点与之相对应的真实提前点之间在某一坐标轴方向上的距离偏差为固定值。

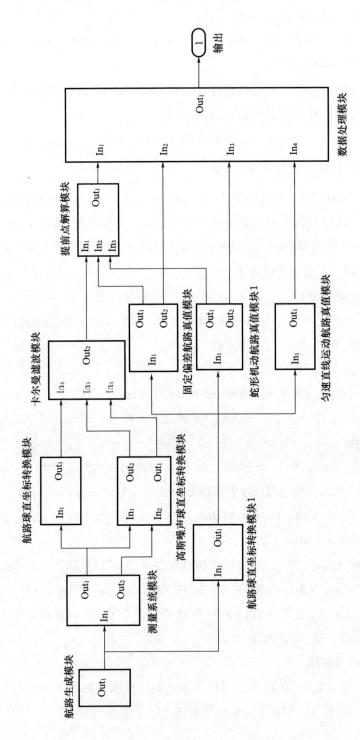

图 4-6 公式有效性验证系统

因为通过设置不同大小均方差的过程噪声可以表征目标机动特性的大小，过程噪声均方差越大，目标机动特性越强，故仿真时取两组目标过程噪声（直角坐标系下，包括 X 轴、Y 轴和 H 轴均方差），分析所提出公式的计算精度。图 4-7～图 4-10 依次对应于过程噪声均方差为 $(2,2,0.5)$m 时的高低角误差、过程噪声均方差为 $(2,2,0.5)$m 时的方位角误差、过程噪声均方差为 $(8,8,2)$m 时的高低角误差和过程噪声均方差为 $(8,8,2)$m 时的方位角误差。

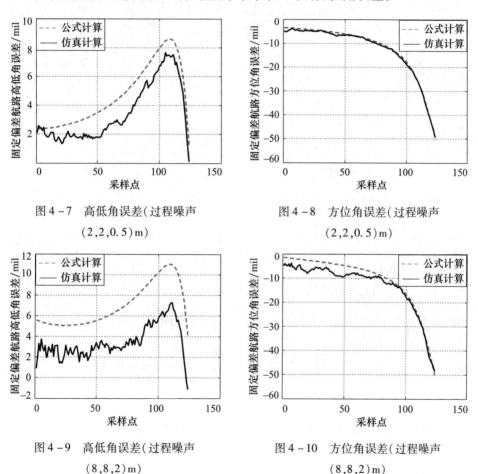

图 4-7　高低角误差（过程噪声 $(2,2,0.5)$m）

图 4-8　方位角误差（过程噪声 $(2,2,0.5)$m）

图 4-9　高低角误差（过程噪声 $(8,8,2)$m）

图 4-10　方位角误差（过程噪声 $(8,8,2)$m）

结果分析：

由图 4-7～图 4-10 可知，公式计算结果与仿真计算结果的分布规律是一致的，但在具体数值上存在差别；单独比较图 4-7 与图 4-9，或者图 4-8 与图 4-10 可知，在不同过程噪声条件下，公式的计算精度是不一样的，过程噪声越大，公式计算精度越低。出现此种情况的原因如下：过程噪声越大，表示目标机动特性越大,这样进行滤波时会增大滤波误差。而用公式计算时所依据的正是目标现在点相关信息,包括滤波误差,故造成公式计算精度的下降。

3. 匀速直线运动航路

匀速直线运动航路的含义比较常见,在此不再赘述,此种航路条件下的仿真结果如图4-11~图4-14所示。

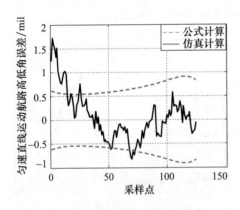

图4-11 高低角误差(过程噪声(2,2,0.5)m)

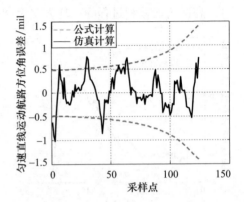

图4-12 方位角误差(过程噪声(2,2,0.5)m)

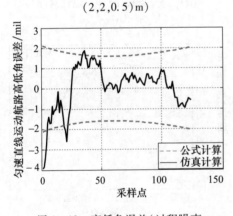

图4-13 高低角误差(过程噪声(8,8,2)m)

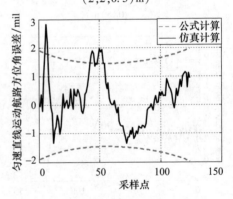

图4-14 方位角误差(过程噪声(8,8,2)m)

结果分析:

分析图4-11~图4-14的仿真计算结果可以看出,此时误差属于随机误差,均值几乎为零。在全航路中公式计算结果基本上均大于仿真值,表明公式计算结果偏大。

4. 蛇形机动航路

蛇形机动航路是一种特殊的匀速圆周运动或转弯运动,它表示在一段时间段内,通过连续进行 S 形转弯而形成的一段与蛇形相类似的轨迹,其航迹模型可近似取为正弦曲线,它的主要特征参数是机动幅度与机动频率[4]。对蛇形机动航路来说,识别出目标处于该模式并在此基础上估计出其机动幅度是提高火控系统毁歼概率的前提和基础。

在图 3-2 所示的坐标系中构建蛇形机动航迹模型,如式(4-19)所示,因为导弹的纵向速度较大,横向上的蛇形机动对其影响不大,所以为简便问题并不失一般性,可假设正在进行蛇形机动的导弹在纵向上的速度大小不变,在横向上做正弦摆动[4]。

$$\begin{cases} x = V_x \cdot t \\ y = r \cdot \sin(\omega_0 \cdot t + \Theta) \\ h = H \end{cases} \quad (4-19)$$

式中:$\omega_0 = \sqrt{\alpha_{\max}/r}$ 表示机动频率,$\alpha_{\max}$ 表示最大横向加速度;r 表示横向机动最大幅度;V_x 为纵向速度;Θ 表示蛇形机动初始相位;H 为蛇形机动平面高度。

进行包络射击时,火控系统对蛇形机动目标未来点预测采用的是统计中心线(直线)预测模型,如图 4-15 所示。

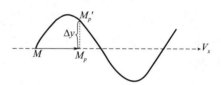

图 4-15 统计中心线(直线)预测模型

火控系统按统计中心线(直线)预测模型解算出的目标提前点位于点 M_p,而实际上目标沿正弦曲线位于点 M'_p,依次类推。可以看出,在此种预测模型条件下,射击误差很大且时变,时变原因是不同时刻的目标位置预测误差 Δy 随正弦曲线进行规律性变化。

针对横向蛇形机动航路的特点,倘若将横向轴上目标的位置预测误差 Δy 取为机动幅度 r,即 $\Delta y = r$,则会出现全航路毁歼概率值不平滑的问题;同时若 Δy 取值太小(极端情况下等价为集火射击),则也会出现全航路毁歼概率值不平滑的问题,为解决此问题提出等价机动幅度 Δr 的概念,即 $\Delta y = \Delta r$。下面首先研究 Δr 与 r 的关系。

1. 平均法

平均法(蒙特卡罗法)是指将一个周期内所有的采样点值取平均,将其作为等价机动幅度 Δr。

结合式(4-19),通过蒙特卡罗仿真分析 Δr 与 r 之间的关系,以及不同的参数包括蛇形机动幅度、最大横向加速度和单位周期内采样点个数对它们之间关系的影响。

假设采样点个数为 m，第 i 个采样点在区间 $[T\cdot(i-1)/m \quad T\cdot i/m]$ 内服从均匀分布，$T=2\pi/\omega_0$ 为一个周期；Θ 服从高斯分布 $N(0,1)$。

仿真方法：随机抽样蛇形机动初始相位 Θ，分别计算 m 个采样点对应的位置预测误差，进行重复抽样 n 次，得到 $m\cdot n$ 个位置预测误差，计算它们的均值即为 Δr。同时，将它们等分为 20 个区间，可统计出它们落在各区间个数，分析其分布规律。

仿真条件：$n=10000$。

第一组：$r=40\mathrm{m}, \alpha_{\max}=4\mathrm{g}, m=10$；第二组：$r=40\mathrm{m}, \alpha_{\max}=4\mathrm{g}, m=20$；

第三组：$r=40\mathrm{m}, \alpha_{\max}=6\mathrm{g}, m=10$；第四组：$r=60\mathrm{m}, \alpha_{\max}=4\mathrm{g}, m=10$。

仿真结果：

第一组：$r/\Delta r=1.5817$，拟合函数 $f(x)=40000/(\pi\sqrt{40^2-x^2})$，如图 4-16(a) 和 (b)，其中，图 (b) 为与图 (a) 中仿真统计结果相对应的二维垂直条形图。

第二组：$r/\Delta r=1.5779$，拟合函数 $f(x)=80000/(\pi\sqrt{40^2-x^2})$，如图 4-16 中 (c) 和 (d)，其中，图 (d) 为与图 (c) 中仿真统计结果相对应的二维垂直条形图。

第三组：$r/\Delta r=1.5812$，拟合函数 $f(x)=40000/(\pi\sqrt{40^2-x^2})$，如图 4-16 中 (e) 和 (f)，其中，图 (f) 为与图 (e) 中仿真统计结果相对应的二维垂直条形图。

第四组：$r/\Delta r=1.5807$，拟合函数 $f(x)=60000/(\pi\sqrt{60^2-x^2})$，如图 4-16 中 (g) 和 (h)，其中，图 (h) 为与图 (g) 中仿真统计结果相对应的二维垂直条形图。

四组仿真结果 $r/\Delta r$ 的均值 $\mu=1.5804$，均方差 $\sigma=0.0017$。

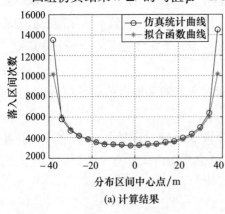 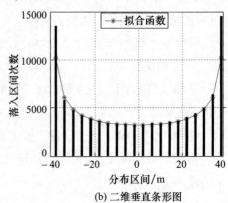

(a) 计算结果　　　　　　　　(b) 二维垂直条形图

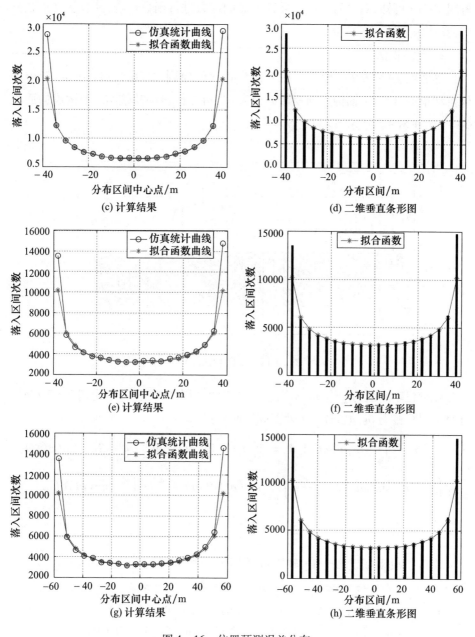

图 4-16 位置预测误差分布

结果分析:

4 种仿真条件下,$r/\Delta r$ 的值变化不大,说明蛇形机动幅度、最大横向加速度和单位周期内采样点个数三个参数对其影响微乎其微,可忽略,$r/\Delta r \approx 1.58$;分析图4-16可知,对位置预测误差落入区间次数进行函数拟合,其服从反正弦分布,具体函数见仿真结果。

2. 等面积法

等面积法(解析法)把面积相等作为替代的原则,如图4-17所示,记由等价机动幅度 Δr 与 t 轴构成的矩形面积为 S',由蛇行机动轨迹与 t 轴构成的面积为 $S = S_1 + S_2 + S_3 + S_4$,则满足 $S' = S$。

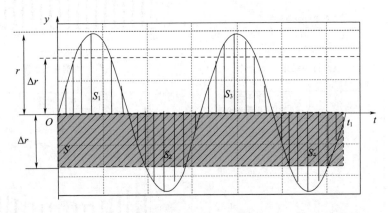

图4-17 等面积法原理

蛇形机动曲线为 $y = r\sin(at), a > 0$。以两个周期为例(每个周期 $T = 2\pi/a$),计算由目标蛇行机动轨迹与 t 轴围成的面积:

$$S = \sum_{i=1}^{4} S_i = \int_0^{2T} r \cdot |\sin(at)| \, dt = 2\int_0^T r \cdot |\sin(at)| \, dt = \int_0^{T/2} 2r \cdot \sin(at) \, dt - \int_{T/2}^T 2r \cdot \sin(at) \, dt = \frac{2r}{a} \cdot \int_0^{T/2} \sin(at) \, d(at) - \frac{2r}{a} \cdot \int_{T/2}^T \sin(at) \, d(at)$$

$$= \frac{2r}{a} \cdot \left(\cos 0 + \cos(aT) - 2\cos\left(\frac{aT}{2}\right) \right) \Big|^{T=\frac{2\pi}{a}} = \frac{8r}{a} \quad (4-20)$$

由等价机动幅度 Δr 与 t 轴围成的矩形面积 S' 计算公式 $S' = \Delta r \times 2 \times T = 4\pi \cdot \Delta r / a$。故有 $4\pi \cdot \Delta r / a = 8r/a$ 成立,化简得 $r/\Delta r = \pi/2 \approx 1.57$。

比较蒙特卡罗法与解析法的计算结果,$(1.58 - 1.57)/1.58 \times 100\% \approx 0.63\%$,两者相差很小,故它们之间相互印证,证明了彼此的正确性。

记以等价机动幅度 Δr 作为目标位置预测误差依据的为公式1,以机动幅度 r 作为目标位置预测误差依据的为公式2,仿真结果如图4-18~图4-21所示。

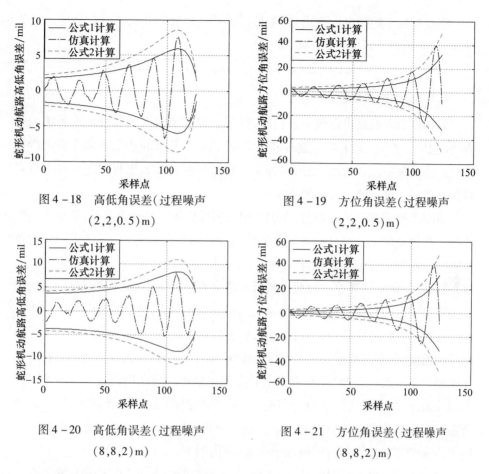

图4-18 高低角误差(过程噪声 (2,2,0.5)m)

图4-19 方位角误差(过程噪声 (2,2,0.5)m)

图4-20 高低角误差(过程噪声 (8,8,2)m)

图4-21 方位角误差(过程噪声 (8,8,2)m)

结果分析:

从图4-18~图4-21可以看出,公式计算结果的分布规律与仿真结果分布规律基本吻合。对于方位角来说,该计算方法对过程噪声不敏感;而对于高低角来说,过程噪声均方差由(2,2,0.5)m增大为(8,8,2)m时,该方法计算结果偏大。

综上分析不同航路下目标提前点预测误差的特点,得到以下结论:

当目标处于匀速直线运动模式时,将目标提前点位置预测误差替代射击诸元输出误差。结合航路特点,需先将当前时刻前(包含当前时刻)的目标提前点位置预测误差序列取平均 $\Delta x_1 = \sum_{i=1}^{m} \Delta x_1^i / m, \Delta x_2 = \sum_{i=1}^{m} \Delta x_2^i / m$,然后用此均值进行替代,计算公式为

$$\sigma_\varphi^2 = \Delta x_1 / 3.37245 / D_q^2, \sigma_{\beta q}^2 = \Delta x_2 / 3.37245 / d_q^2 \qquad (4-21)$$

可知状态估计误差方差不小于命中点误差方差,故此种替代方法是可行的。

当目标处于蛇形机动模式时,将目标提前点位置预测误差叠加到原系统误差 A 上,得到修正后的系统误差 A',即

$$A' = A + \begin{bmatrix} \Delta x_1 & \Delta x_2 \end{bmatrix}^T = \begin{bmatrix} a_1 + \Delta x_1 & a_2 + \Delta x_2 \end{bmatrix}^T \quad (4-22)$$

4.2.1.3 类闭环校正

对蛇形机动航路进行包络射击时,其机动幅度不能太大并且高炮系统的火力密度要大,否则,由于弹丸散布过于稀疏,落入单位面积内的弹丸个数太少而导致毁伤效果不佳。为此,提出一种先对目标提前点位置进行类闭环校正后再对其预测误差进行相应处理的方案。

类闭环校正方式的过程为:在识别出目标处于蛇形机动模式后,估计出其机动幅度和机动频率。当火控系统采用统计中心线预测模型时,将已识别出的单个周期内各时刻的位置误差序列存储,经数据处理,作为以后对应时刻的补偿量,其核心步骤是计算单个周期内各时刻的位置误差序列,整个实现过程由火控系统实时动态的自行完成,克服了如大闭环校射等方式存在的问题[5]。

在大地直角坐标系中,当目标进行横向蛇形机动时,若火控系统采用统计中心线预测模型,则其提前点预测误差中的横向误差序列呈现周期性(与蛇形机动周期大小一致)的变化。在将该误差序列用最小二乘法拟合成关于时间 t 的多项式曲线时,需解决以下两个问题:一是拟合时间 t 的区间长短选择,二是拟合多项式曲线的次数选择。通过仿真数据分析,选用三次多项式曲线对一个周期 T 内误差序列进行拟合即可满足要求,原因如下。

(1)蛇形机动轨迹在每个周期 T 内的变化规律相同,单个周期内数据已包含其所有特征。若对多个周期数据进行拟合,则需要提高拟合多项式的次数,但其拟合精度并没有明显提高。例如选择两个周期内数据进行拟合,则至少需要七次多项式曲线,其拟合误差与采用三次曲线拟合单个周期数据的误差如图 4-22 所示。为便于比较并不失一般性,仅取 1 个周期(T=3s)内拟合误差进行比较,经过统计,两者绝对值的均值分别为 8.76m 和 7.99m,这说明两种拟合方式效果差不多。

(2)二次多项式曲线拟合效果不佳。与高次拟合曲线相比(以七次为例),三次拟合效果并不差。T=3s 时,如图 4-23 所示,0~3s 内误差是指拟合误差(拟合时所依据数值与拟合曲线上对应拟合值之差),三次拟合、七次拟合和二次拟合误差绝对值的平均值分别为 5.99m、4.84m 和 26.45m;3~6s 内误差指校正误差(利用拟合曲线得到的校正值与实际值之差),均值分别为 7.38m、7.69m 和 25.66m。可以看出,二次拟合效果最差,虽然七次拟合误差比三次拟合误差

小,但其校正误差要大,而校正误差比拟合误差更具有实用性。

三次多项式曲线形式为

$$\Delta h = a_{h1}t^3 + a_{h2}t^2 + a_{h3}t + a_{h4} \tag{4-23}$$

假设 ΔT 为拟合时间段,拟合时间开始时刻为 T_0,识别出的蛇形机动周期为 T,射弹飞行时间为 t_f,则计算校正值时,自变量时间值计算公式如下:

$$t = (\Delta T + t_f) - [(\Delta T + t_f - T_0)/T] \times T \tag{4-24}$$

式中:$[(\Delta T + t_f - T_0)/T]$ 表示对 $(\Delta T + t_f - T_0)/T$ 向负无穷方向取整。

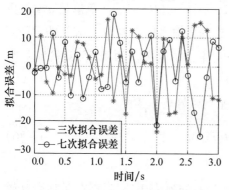

图 4-22 不同拟合次数曲线的拟合误差　　图 4-23 不同次数曲线误差

下面通过蒙特卡罗仿真分析类闭环校正是否有效。仿真程序框图如图 4-24 所示。

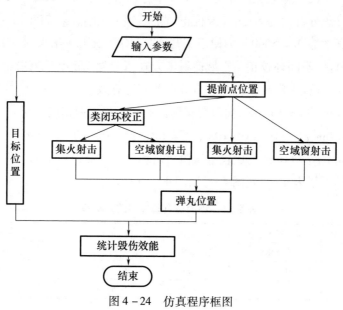

图 4-24 仿真程序框图

类闭环校正实现过程为：首先生成目标蛇形机动航路，得到目标位置(X_t, Y_t, H_t)；对目标做匀速直线运动假定，解相遇方程组求解目标提前点，然后分别计算4种射击方式下各自的射击诸元，即类闭环校正+集火射击方式、类闭环校正+空域窗射击方式、集火射击方式和空域窗射击方式，通过弹道外推连续地计算所发射弹丸的位置(X_p, Y_p, H_p)；判断弹丸与目标是否发生碰撞，统计出碰撞弹数，再利用指数毁歼定律计算毁伤效能。

弹丸和目标是否相遇的判断依据为：假设目标等价为半径为r_0的球体，若弹丸离目标中心的距离$d = \sqrt{(X_p - X_t)^2 + (Y_p - Y_t)^2 + (H_p - H_t)^2}$，且满足$d \leq r_0$，则认为弹丸击中目标。在第$i$次射击中，统计到的命中目标弹数为$N_i$发。假设毁歼目标所需平均命中弹数为$w$，则按指数毁歼定律，第$i$次射击的目标毁歼概率[1]为

$$H(i) = 1 - (1 - 1/w)^{N_i} \quad (4-25)$$

设总的仿真次数为M，则本次射击的平均毁歼概率为

$$H_s = \sum_{i=1}^{M} H(i)/M \quad (4-26)$$

仿真条件：

仿真时间为一个周期$T = 3\text{s}(9 \sim 12\text{s})$，仿真间隔为0.2s，目标在$X$轴和$H$轴方向上均服从高斯分布$N(0, \sigma_t^2)$，$\sigma_t = 5\text{m}$，在$Y$轴方向上进行蛇形机动，机动幅度为$r$；高炮6门，与各弹丸散布中心一一对应，每门高炮发射20发弹丸，弹丸在直角坐标系三轴上均服从高斯分布$N(0, \sigma_p^2)$，$\sigma_p = 3\text{m}$，$r_0 = 5\text{m}$，$w = 3$，椭圆形空域窗技术参数分别记为r_{a1}，r_{b1}（未校正时空域窗）与r_{a2}，r_{b2}（校正后空域窗），蒙特卡罗仿真次数$M = 5000$。为便于书写，将类闭环校正+集火射击方式简记为校正集火射击，类闭环校正+空域窗射击方式简记为校正空域窗射击。

仿真一：验证类闭环校正是否有效以及何时有效。

当$r = 0\text{m}$或$r = 10\text{m}$时，比较集火射击和校正集火射击的效果。

当$r = 10\text{m}$，$r_{a1} = 4\text{m}$，$r_{b1} = 10\text{m}$，$r_{a2} = 4\text{m}$，$r_{b2} = 20\text{m}$或$r = 40\text{m}$，$r_{a1} = 4\text{m}$，$r_{b1} = 10\text{m}$，$r_{a2} = 4\text{m}$，$r_{b2} = 60\text{m}$时，比较空域窗射击和校正空域窗射击的效果。

仿真结果如表4-1及图4-25、图4-26所示。

表4-1 不同仿真条件下毁歼概率

机动幅度/m	校正集火射击	集火射击	校正空域窗射击	空域窗射击
$r=0$	0.4485	0.4885	—	—
$r=10$	0.4512	0.4171	0.5720	0.6133
$r=40$	—	—	0.5795	0.3076

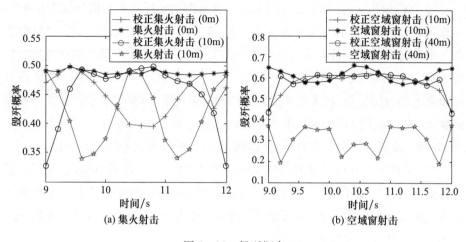

图4-25 毁歼概率

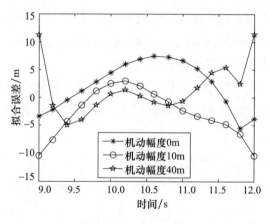

图4-26 拟合误差

结果分析：

（1）从图4-25和表4-1中数据可以看出，当$r=0m$时，校正集火射击和集火射击的毁歼概率均值分别为0.4485和0.4885，前者毁歼概率比后者下降了8.19%；当$r=10m$时，校正空域窗射击和空域窗射击的毁歼概率均值分别为0.5720和0.6133，前者毁歼概率比后者下降了6.73%。出现这两种情况的原因分别是：当$r=0m$时，射击误差本身很小，但通过对该误差进行三次曲线拟合类闭环校正反而增加了射击误差，见图4-26，这导致了校正后集火射击毁歼概率的减小；当$r=10m$时，由于蛇形机动幅度较小，此时进行类闭环校正效果不佳，导致了校正后空域窗射击毁歼概率的下降。

(2) 当 $r=10\text{m}$ 时,校正集火射击和集火射击的毁歼概率均值分别为 0.4512 和 0.4171,前者毁歼概率比后者提高了 8.18%;当 $r=40\text{m}$ 时,校正空域窗射击和空域窗射击的毁歼概率均值分别为 0.5795 和 0.3076,前者毁歼概率比后者提高了 88.39%。这说明类闭环校正起到了作用,通过校正减小了射击误差,则目标预测运动范围变小,在火力密度相同的前提条件下,其单位面积内弹丸分布密度变大,故提高了毁歼概率。由于集火射击和空域窗射击本身有效射击区域大小不一致,故两种射击方式对相同机动幅度目标的毁歼概率结果不一样。

(3) 从图 4-26 可以看出,三种条件下的拟合误差大小差不多,这使得校正后各射击方式的毁歼概率与机动幅度关系不大,对其不敏感;而未校正时两种射击方式随机动幅度的增大,毁歼概率会下降,见表 4-1。这说明类闭环校正更适用于蛇形机动幅度较大的情况。

总上,进行类闭环校正时,校正公式需要与射击误差本身的分布规律一致,这样才能起到减小射击误差提高毁歼概率的作用,否则效果适得其反。

仿真二:当 $r=20\text{m}$, $r_{a2}=0\text{m}$, $r_{b2}=0\text{m}$ 或 $r=20\text{m}$, $r_{a2}=4\text{m}$, $r_{b2}=10\text{m}$ 时,分析比较校正集火射击和校正空域窗射击的效能。

仿真结果如图 4-27 所示,校正空域窗射击 1 是指技术参数为 $r_{a2}=4\text{m}$, $r_{b2}=10\text{m}$ 时的空域窗射击,校正空域窗射击 2 是指技术参数为 $r_{a2}=0\text{m}$, $r_{b2}=0\text{m}$ 时的空域窗射击。

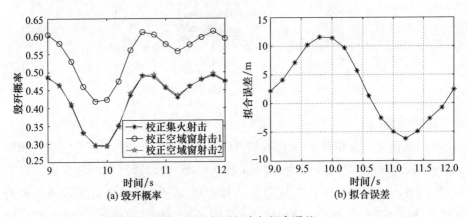

图 4-27 毁歼概率与拟合误差

结果分析:

(1) 从图 4-27(a) 可以看出,校正集火射击和校正空域窗射击 2 的毁歼概率均值分别为 0.4271 和 0.4284,后者比前者仅下降 0.30%。所以说,当空域窗技术参数为零时,排除随机因素的影响,其与校正集火射击的效果一致,此时空域窗射击退化为集火射击。

(2)在类闭环校正的基础上,采用空域窗射击还能进一步提高毁歼概率,这是因为类闭环校正并不能完全消除火控系统的射击误差,校正后该误差仍然存在,虽然其值已减小很多,见图4-27(b)。此种仿真条件下,校正空域窗射击1的毁歼概率均值为0.5491,比校正集火射击提高了28.58%。故空域窗射击通过扩大弹丸有效散布区域,提高了毁歼概率。

仿真三:验证校正后空域窗最优参数是否存在。

当$r=30m$,$r_a=4m$,$r_b=8m$或$r_a=4m$,$r_b=20m$或$r_a=4m$,$r_b=40m$时,分析比较不同空域窗技术参数条件下校正空域窗射击的效果。

仿真结果如表4-2和图4-28所示,校正空域窗射击1是指技术参数为$r_a=4m$,$r_b=8m$时的空域窗射击,校正空域窗射击2是指技术参数为$r_a=4m$,$r_b=20m$时的空域窗射击,校正空域窗射击3是指技术参数为$r_a=4m$,$r_b=40m$时的空域窗射击。

表4-2 空域窗射击和集火射击毁歼概率

空域窗技术参数/m	空域窗射击	集火射击	相对差值/%
$r_a=4$,$r_b=8$	0.5751	0.4804	19.71
$r_a=4$,$r_b=20$	0.6463	0.4804	34.53
$r_a=4$,$r_b=40$	0.4279	0.4804	-10.93

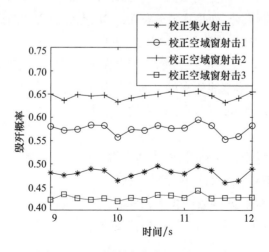

图4-28 不同射击方式下的毁歼概率

结果分析：

当 $r_a=4\mathrm{m}, r_b=8\mathrm{m}$ 时，校正空域窗射击的毁歼概率均值虽然比校正集火射击的毁歼概率均值要大，但不是最大的；当 $r_a=4\mathrm{m}, r_b=20\mathrm{m}$ 时，校正空域窗射击的毁歼概率均值最大；当 $r_a=4\mathrm{m}, r_b=40\mathrm{m}$ 时，校正空域窗射击的毁歼概率均值不仅是三种空域窗射击中最小的，并且也小于校正集火射击的毁歼概率均值，这是因为在火力密度一定的情况下，空域窗技术参数过大，会使其域内的弹丸分布过于稀疏，从而导致毁歼概率的下降。基于以上分析可知，空域窗技术参数与目标机动特性存在最佳匹配关系，倘若过大或过小都不能使其效果发挥得淋漓尽致。

综上所述，在对蛇形机动幅度和频率估计精度较高且机动幅度值本身较大或火力密度较小时，可以采取类闭环校正与空域窗射击相结合的方法。校正后，目标提前点位置预测误差为随机误差，此时误差处理方法参照目标处于匀速直线运动模式时处理方法；在蛇形机动幅度值较小且火力密度较大时，采取原处理方法。

4.2.2 空域窗体制下计算模型

假设椭圆形空域窗的两个轴向（r_a 与 r_b 指向）分别与预测迎弹面上高低误差 x_1、方向误差 x_2 指向一致。如图 4-29 所示，未来空域窗射击与集火射击的本质区别是：集火射击时各弹丸散布中心 $D_i, i=1,2,\cdots,m$（m 是弹丸散布中心个数）与 M_q 点一致，各高炮均指向 M_q 点射击；空域窗射击时其窗内各弹丸散布中心 D_i 与 M_q 点不重合，而是均匀分布在以 M_q 点为圆心的圆周或椭圆周上，各高炮不再指向 M_q 点射击，而是指向各自的弹丸散布中心 D_i。本节要解决的问题与单炮基线修正问题有相似之处，相同点在于：均是多个点相对中心点的偏离问题；不同点在于单炮基线所在的平面不是误差平面，中间牵扯内容较多，包括两个平面之间的转换等，而本节要研究的问题本身就在误差平面上，故该问题相对要容易解决。

解决单炮基线修正问题时，若将其作为一种强相关误差来处理，在临近过航点的情况下，毁歼概率的计算结果存在误差的比较大[1]，一般当成单炮系统误差来处理。借鉴解决单炮基线修正问题的思路，在空域窗射击毁歼概率计算模型中，将弹丸散布中心 D_i 与目标预测未来点 M_q 的相对偏差等价为系统误差。

第4章 自适应射击窗参数计算

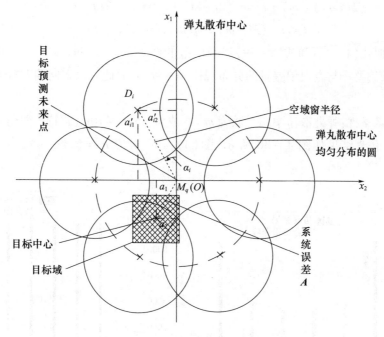

图 4-29 空域窗体制下计算模型

假设集火射击时 M_q 离目标中心的系统误差为 A，分解为 $(a_1 \quad a_2)^T$。根据空域窗射击原理，第 i 个弹丸散布中心 D_i 相对 M_q 的偏差 A_i' 分解为 $(a'_{i1} \quad a'_{i2})^T$，则 D_i 相对目标中心的系统误差 $\Delta A_i'$ 为 $\Delta A_i' = (a_1 - a'_{i1} \quad a_2 - a'_{i2})^T$。其中，偏差 A_i' 通过特征量 (r_a, r_b, α_i) 表征，如式（4-27）所示。(r_a, r_b) 是弹丸散布椭圆的两个半轴，记为射击窗技术参数。若 $r_a = r_b$，则空域窗为圆形，否则空域窗为椭圆。

$$A_i' = (a'_{i1} \quad a'_{i2})^T = (r_a\cos\alpha_i \quad r_b\sin\alpha_i)^T, \alpha_i = \alpha_0 + 2\pi \cdot (i-1)/m, (i=1,2,\cdots,m) \tag{4-27}$$

α_0 第一个弹丸散布中心 D_1 与 x_1 轴正向之水平夹角，服从 $[-\pi/m, \pi/m]$ 上均匀分布。

下面进行蒙特卡罗仿真分析弹丸散布角是否服从均匀分布以及方向和高低偏差量的分布特性。

弹丸散布角 α_i 的 m 个分布区间为

$$[(2i-3)\cdot\pi/m, (2i-1)\cdot\pi/m], i=1,2,\cdots,m \tag{4-28}$$

方向与高低偏差量的 m 个分布区间分别为

$$[(2(i-1)-m)\cdot r_a/m,(2i-m)\cdot r_a/m],[(2(i-1)-m)\cdot$$
$$r_b/m \quad (2i-m)\cdot r_b/m], i=1,2,\cdots,m \qquad (4-29)$$

根据式(4-27)和式(4-29)以及函数的性质 $\cos\alpha_i = \sin(\pi/2-\alpha_i)$ 可以看出,高低偏差量与方向偏差量的分布规律是一致的,故此处以方向偏差量为例进行仿真。

仿真条件:弹丸散布中心个数为 $m=6$ 或 $m=5$,$r_b=10\mathrm{m}$,蒙特卡罗仿真次数10000。仿真结果如图 4-30 所示,图(a)、(b)对应 $m=6$,图(c)、(d)对应 $m=5$。

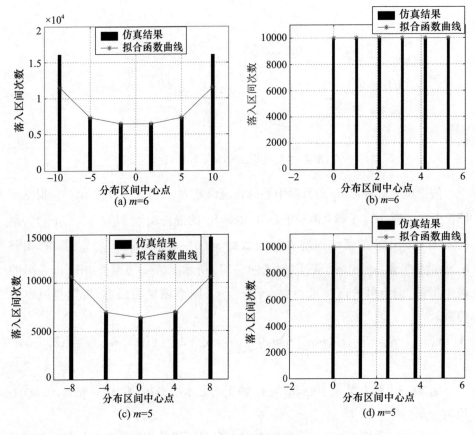

图 4-30 偏差量与散布角

结果分析:

对所有的方向偏差量取平均,并记为 Δx,则两种条件下 $r_b/\Delta x = 1.5703$ 与 $r_b/\Delta x = 1.5707$,即 $r_b/\Delta x \approx 1.57$,并且偏差量服从反正弦分布,分布函数为 $f(x)=$

$200000/(\pi\sqrt{10^2-x^2})$;而散布角落入各区间的次数相同,服从均匀分布。同理可知,高低偏差量均值 Δy 也有 $r_a/\Delta y \approx 1.57$。这与计算等价机动幅度时所用平均法和等面积法的计算结果相类似。

将式(4-7)和式(4-8)作如式(4-30)的改进,即可得到未来空域窗体制下的毁歼概率计算模型:

$$P_{\text{kill}} = \iint_{-\infty}^{\infty} \{1 - \prod_{i=1}^{m} [1 - P_i(x_{\text{II}})/\omega]^{pn}\} \varphi_{\text{II}}(x_{\text{II}}) \mathrm{d}x_{\text{II}}$$

$$P_i(x_{\text{II}}) = \int_{-l}^{l}\int_{-l}^{l} 1/(2\pi\sqrt{|\boldsymbol{\Sigma}_{\text{I}}|}) \exp[-1/2 \times (x - x_{\text{II}} - \Delta \boldsymbol{A}_i')^{\text{T}}$$

$$\boldsymbol{\Sigma}_{\text{I}}^{-1}(x - x_{\text{II}} - \Delta \boldsymbol{A}_i')]\mathrm{d}x \quad (4-30)$$

综上所述,空域窗射击毁歼概率计算模型的基本思想是:先分别计算武器系统内各高炮(一门高炮对应一个弹丸散布中心)的系统误差 $\Delta \boldsymbol{A}_i'$,然后利用多门高炮系统一次点射的毁歼概率计算模型,在该模型中把相应的系统误差量进行替换,即可计算空域窗射击毁歼概率。

4.3 求解射击窗技术参数计算模型的优化算法

本节主要研究射击窗技术参数计算模型的构建以及寻找合适的优化算法求解模型,解决技术参数的反演问题。

自寻优计算射击窗技术参数的原则是选择最佳的 (r_a, r_b),使毁歼目标的概率最大,故建立数学模型:

$$\begin{cases} \max & P_{\text{kill}} = \sum_{i=1}^{m} \left(\int_{-l}^{l}\int_{-l}^{l} \Phi(x, \Delta \boldsymbol{A}_i') \mathrm{d}x \right) \\ \text{s.t.} & 0 < r_a \\ & 0 < r_b \\ & \boldsymbol{A} = [a_1 \ a_2]^{\text{T}} \\ & \boldsymbol{A}_i' = [a'_{i1} \ a'_{i2}]^{\text{T}}, i = 1, 2, \cdots, m \\ & \Delta \boldsymbol{A}_i' = \boldsymbol{A} - \boldsymbol{A}_i', i = 1, 2, \cdots, m \end{cases} \quad (4-31)$$

构建出数学模型后,将研究求解模型的优化算法。目前,传统的优化算法[6-7]和智能算法[8-16]有很多种。分析文中所研究的问题可知,火控诸元解算时的主要评价指标是诸元精度和实时性,并且对实时性这个指标的要求更高,故在选择优化算法时需要对这两个指标综合考虑。

通过对空域窗射击毁歼概率计算模型的分析可知,由于此模型计算过程中涉及的公式较多,比较复杂,不容易直接用解析法获得其导数等信息。综合比较各优化算法的性能,选择传统优化算法中的单纯形算法[17]和智能优化算法中的模式搜索算法[18-19]进行模型解算。模式搜索算法由 Hooks 和 Jeeces(1961 年)提出,它并不需要任何目标函数的梯度信息。该算法由"探测性"与"模式性"移动组成,前者以一定步长沿轴方向探索,希望探测到目标函数的下降方向;后者是在此基础上沿有利方向直接寻找更合适的点。

选择典型航路点进行仿真实验,因为各算法搜索到的解不一定是最优解,在进行相互比较时说服力不强,故先通过枚举法说明射击窗技术参数的存在性,目的是证明最优解存在且唯一,然后以此最优解为基准,与单纯形算法和模式搜索算法等优化算法的计算结果进行比较,分析选择这两种算法的可行性。

仿真条件:高炮系统性能参数见参考文献[1]6.2 节,其余参数如下:目标提前点位置坐标为 $(X_q=1500m, Y_q=400m, H_q=500m)$,提前点位置预测误差均方差为 $(\sigma_x=5, \sigma_y=20, \sigma_h=1)$。

仿真一:分析射击窗技术参数的存在性。通过枚举法计算各不同技术参数下的毁歼概率值,然后选择毁歼概率最大值,与此值对应的射击窗技术参数即为最优解。

仿真结果如图 4-31 所示,其中,图(a)为空域窗短半轴取[0 5]m、长半轴取[18 25]m 时的目标函数变化规律图;图(b)为目标函数曲面等高线图,与目标函数最大值对应的横纵轴取值即为最优的射击窗技术参数。

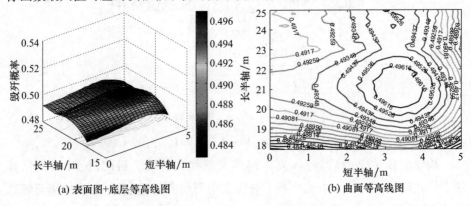

图 4-31 不同参数下的毁歼概率

结果分析：

通过图4-31可知,在此组仿真条件下,射击窗技术参数的最优解为(3.50, 21.15)m,与之对应的毁歼概率值为0.4972。这表明,射击窗技术参数存在。

仿真二:检验比较各优化算法的性能。

由于射击窗技术参数的优劣不容易量化,选择计算耗时和与射击窗技术参数相对应的毁歼概率计算精度两个指标,对各算法的性能进行比较。

各算法的仿真结果如表4-3所列。

表4-3 各算法的仿真结果

参数	模式搜索法	单纯形法	模拟退火法	遗传算法	极小化极大值法
技术参数/m	(2.29,21.03)	(3.15,21.00)	(3.43,20.00)	(3.82,17.16)	(2.50,14.14)
毁歼概率	0.4956	0.4946	0.4972	0.4810	0.4334
耗时/s	1.2103	0.5781	84.24	3.045	1.525

结果分析：

(1)仅比较毁歼概率计算精度这个指标,此种仿真条件下,5种算法由好到差的排列顺序是:模拟退火法→模式搜索法→单纯形法→遗传算法→极小化极大值法;仅比较计算耗时指标,其排列顺序是:单纯形法→模式搜索算法→极小化极大值法→遗传算法→模拟退火法。可以看出,模拟退火法的高精度是以庞大的计算耗时为代价的;极小化极大值法和遗传算法计算精度均不如单纯形法或模式搜索法,且耗时也都比它们长。综合比较5种优化算法,单纯形法和模式搜索法都是合适的。

(2)与毁歼概率的最大值相比,单纯形法和模式搜索法计算结果的相对误差分别是0.52%和0.32%,表明这两种算法的计算精度同样可以接受,可以作为次优解;这两种算法之间相比,单纯形法的耗时更低,但精度相差无几,故单纯形法更佳。

在使用单纯形法和模式搜索法时,为节省迭代时间,减少算法的计算耗时,在选取初始点时,应越接近最优解越好[20]。故提出采用正交设计或均匀设计方法确定初始点和搜索空间。

按照正交设计和均匀设计方法的原理[21]以及本节要解决问题的特点,给出两种方法在解决本问题中的具体应用过程。

1. 正交设计方法

采用混合水平正交设计表$U_{24}(3\times 8)$,射击窗技术参数中短、长半轴作为两个因子,分别用 A、B 表示,因子 A 选取 3 个水平,分别用 1,2,3 这 3 个序号来表示,因子 B 选取 8 个水平,分别用 $1,2,\cdots,8$ 这 8 个序号来表示,如表 4-4 所示。结合前面的仿真背景,因子 A 的 3 个水平分别为 $3i-1,i=1\mathrm{m},2\mathrm{m},3\mathrm{m}$,因子 B 的 8 个水平分别为 $(20j+15)/7,j=1\mathrm{m},2\mathrm{m},\cdots,8\mathrm{m}$。

表 4-4 正交设计分析 $U_{24}(3\times8)$

水平	因子		
	A	B	P_{kill}
1	1	1	0.073
2	2	1	0.072
3	3	1	0.067
4	1	2	0.188
5	2	2	0.184
6	3	2	0.172
7	1	3	0.321
8	2	3	0.317
9	3	3	0.296
10	1	4	0.419
11	2	4	0.416
12	3	4	0.387
13	1	5	0.471
14	2	5	0.469
15	3	5	0.436
16	1	6	0.492
17	2	6	0.489
18	3	6	0.453
19	1	7	0.4942
20	2	7	0.490
21	3	7	0.452
22	1	8	0.4937
23	2	8	0.488
24	3	8	0.449

续表

水平	因子		
	A	B	P_{kill}
K_1	2.952		0.212
K_2	2.925		0.544
K_3	2.712		0.934
K_4			1.222
K_5			1.376
K_6			1.434
K_7			1.436
K_8			1.431
k_1	0.369		0.071
k_2	0.366		0.181
k_3	0.339		0.311
k_4			0.407
k_5			0.459
k_6			0.478
k_7			0.479
k_8			0.477
极差 R	0.030		0.408
因素主→次　　　　B　　　A 优方案　　　A_1B_7,即(2,22.14)m 次优方案可选:A_1B_6,A_2B_6,A_2B_7,A_1B_8,A_2B_8			

在表 4-4 中,记由因子 A 的第 $i(i=1,2,3)$ 个水平和因子 B 的第 $j(j=1,2,\cdots,8)$ 个水平试验得到的毁歼概率 P_{kill} 为 P_{kill}^{ij},即

$$K_{m1} = \sum_{j=1}^{8} P_{\text{kill}}^{mj}, m = 1,2,3; K_{n2} = \sum_{i=1}^{3} P_{\text{kill}}^{in}, n = 1,2,\cdots,8 \quad (4-32)$$

$$k_{m1} = K_{m1}/8, R_1 = \max(k_{m1}) - \min(k_{m1}), m = 1,2,3;$$

$$k_{n2} = K_{n2}/3, R_2 = \max(k_{n2}) - \min(k_{n2}), n = 1,2,\cdots,8$$

根据极差的大小,确定出影响因素的主次顺序,见表 4-4,因子 B 为主,因子 A 为次,$k_{27} = \max(k_{2n}) = 0.479$,$k_{11} = \max(k_{n1}) = 0.369$,优方案为 A_1B_7,即(2,22.14)m。还可以根据 k 的取值,确定几个次优方案。

2. 均匀设计方法

在试验因素变化范围较大,需要取较多水平时,正交设计的试验次数还是很多的,而均匀设计可以极大地减少试验次数。

采用混合水平均匀设计表 $U_{24}(4\times12)$,射击窗技术参数中短、长半轴作为两个因子,分别用 A、B 来表示,因子 A 选取 4 个水平,分别用 1,2,3,4 这个 4 序号来表示,因子 B 选取 12 个水平,分别用 1,2,…,12 这 12 个序号来表示,如表 4-5 所示。因子 A 的 4 个水平分别为 $2i, i = 1\text{m}, 2\text{m}, 3\text{m}, 4\text{m}$,因子 B 的 12 个水平分别为 $(20j+35)/11, j = 1\text{m}, 2\text{m}, \cdots, 12\text{m}$。在表中,记由因子 A 的第 $i(i=1,2,3,4)$ 个水平和因子 B 的第 $j(j=1,2,\cdots,12)$ 个水平试验得到的毁歼概率 P_{kill} 为 P_{kill}^{ij}。

表 4-5 均匀设计分析

$U_{12}(4\times12)$

水平	因子		P_{kill}^{ij}
	A	B	
1	4	10	0.454
2	4	7	0.430
3	4	4	0.285
4	3	1	0.071
5	3	11	0.478
6	3	8	0.473
7	2	5	0.381
8	2	2	0.139
9	2	12	0.4939
10	1	9	0.4925
11	1	6	0.431
12	1	3	0.225
直观分析法:第 9 组为优方案,A_2B_{12} 即 $(4,25)\text{m}$			

利用直观分析法对表 4-5 分析,$P_{\text{kill}}^{2,12} = \max(P_{\text{kill}}^{ij}) = 0.4939$,故优方案为 A_2B_{12},即 $(4,25)\text{m}$。

基于正交设计或均匀设计试验方法得到射击窗技术参数的初始点后,采用单纯形法或模式搜索法求解最佳的射击窗技术参数,仿真结果如表 4-6 所示。

表 4-6 不同初始点下的仿真结果

参数	以正交设计结果(2,22.14)m 为初始点		以均匀设计结果(4,25)m 为初始点	
	单纯形法	模式搜索法	单纯形法	模式搜索法
技术参数/m	(3.80,26.25)	(3.00,25.00)	(2.10,21.03)	(3.00,22.14)
毁歼概率	0.4944	0.4950	0.4950	0.4962
耗时/s	0.5518	0.9582	0.5034	1.1526
迭代步数	7	4	4	6

比较表 4-3 和表 4-6 中数据,对初始点进行合理设置后,单纯形法和模式搜索法的计算耗时均有所下降,计算精度的变化可以忽略,所以说基于正交设计或均匀设计+优化算法的方案是可行和有效的。同时可以看出,智能优化算法不一定优于传统优化算法。综上所述,基于均匀设计法与单纯形法相结合的算法最佳。

4.4 小结

本章研究了自适应射击窗火控算法的第二、三项主要步骤——射击窗技术参数寻优计算模型的构建与求解该模型的优化算法,解决了射击窗技术参数的计算问题。①以现有的"着发射击高炮系统毁歼概率计算模型"为依据,通过对其做相应的改进,构建了射击窗技术参数寻优计算模型,并验证了所改进之处的有效性,拓展了原模型的适用范围。②提出了基于正交设计或均匀设计与单纯形法或模式搜索法相结合的算法,先利用正交设计或均匀设计法合理预设寻优搜索初始点和搜索范围,然后基于单纯形法或模式搜索法计算射击窗技术参数。通过仿真分析得到了基于均匀设计法与单纯形法相结合算法效果最佳的结论。至此,已经解决了自适应射击窗火控算法新增加的三个主要步骤,可计算集中配置高炮系统各门高炮的诸元实施射击。第 5 章将在集中配置高炮系统火控算法的基础上,结合分布式配置高炮系统的特点和新变化,研究分布式配置高炮系统自适应射击窗火控算法。

参考文献

[1] 肖元星,张冠杰,等. 地面防空武器系统效费分析[M]. 北京:国防工业出版社,2006.
[2] 郭吉成. 高炮火控系统射击问题算法研究[D]. 大连:大连理工大学,2005.

[3] 李长军,杜辉,于雪泳. 基于正态分布的水面目标位置散布分析[J]. 信息工程大学学报,2012,13(6):650-653.

[4] 李济林. 近程反导舰炮武器系统陷阱式射击方式研究[D]. 大连:海军大连舰艇学院,1999.

[5] 李文才. 防空高炮火控计算机射击诸元在线自校正技术研究[D]. 成都:电子科技大学,2008.

[6] BURGER M, NOTARSTEFANO G, ALLGOWER F. A distributed simplex algorithm and the multi-agent assignment problem[C]//Proceedings of the 2011 American Control Conference, San Francisco, USA, 2011:2639-2644.

[7] CHAN T H, CHI C Y, HUANG Y M. A Convex Analysis-Based Minimum-Volume Enclosing Simplex Algorithm for Hyperspectral Unmixing[J]. IEEE Trans. on Signal Processing, 2009, 57(11):4418-4432.

[8] WIRIYASERMKUL N, BOONJING V, CHANVARASUTH P. A meiosis genetic algorithm[C]//Proceedings of the Seventh International Conference on Information Technology, 2010:285-289.

[9] VALSECCHI V, DAMAS S, SANTAMARIA J. Genetic algorithms for voxel-based medical image registration[C]//Proceedings of the 4th International Workshop on Computational Intelligence in Medical Imaging, 2013:22-29.

[10] MUNOZ-ZAVALA A E, HERNANDEZ-AGUIRRE A, DIHARCE E R V. Particle evolutionary swarm optimization algorithm[C]//Proceedings of the sixth Mexican International Conference on Computer Science, Mexico, 2005.

[11] MENDES R, KENNEDY J, NEVES J. The fully informed particle swarm:simpler, maybe better[J]. IEEE Trans. on Evolutionary Computation, 2004, 8(3):204-210.

[12] MILOUD-AOUIDATE A, BABA-ALI A R. Ant colony prototype reduction algorithm for kNN classification[C]//Proceedings of the 2012 IEEE 15th International Conference on Computational Science and Engineering, 2012:289-294.

[13] AMOIRALIS E I, TSILI M A, GEORGILAKIS P S. The state of the art in engineering methods for transformer design and optimazion[J]. Journal of Optoelectronics and Advanced Materials, 2008, 10(5):1149-1158.

[14] UYKAN Z. Fast-convergent double-sigmoid hopfield neural network as applied to optimization problems[J]. IEEE Trans. on Neural and Learning Systems, 2013, 24(6):990-996.

[15] TOUHAMI S, MEDLES K, TILMATINE A, et al. Modeling and optimization of a roll-type electrostatic separation process using artificial neural networks[J]. IEEE Trans. on Industry Applications, 2013, 49(4):1773-1780.

[16] GUENDUEZ H I, KADIR H M. A Well-arranged simulated annealing approach for the location-routing problem with time windows[C]//2013 46th Hawaii International Conference on

System Sciences,Wailea,HI:2013:1144-1153.

[17] 谢政,李建平,陈挚. 非线性最优化理论与方法[M]. 北京:高等教育出版社,2010.

[18] WU T,SUN L P. A Filter – based pattern search method for unconstrained optimization [J]. Numerical Mathematics a Journal of Chinese Universities(English Series),2005,15(3):209-216.

[19] 韩丽霞,王宇平,兰绍江. 基于模式搜索的类电磁算法求解约束优化问题[J]. 系统工程与电子技术,2009,31(9):2219-2222.

[20] 解可新,韩健,林友联. 最优化方法[M]. 2版. 天津:天津大学出版社,2008.

[21] 李云雁,胡传荣. 试验设计与数据处理[M]. 北京:化学工业出版社,2008.

第 5 章　自适应射击窗火控理论应用

随着战场环境的变化和要求的提高,受多种因素制约的传统集中配置火控系统结构提高的效能有限,已逐渐表现出对新作战要求的不适应性,与此同时,网络技术和计算机技术的迅猛发展使得分布式火控系统结构得以实现,并得到广泛应用[1-8]。分布式火控系统是指整个系统在体系结构上实现地点、控制及功能上的分布。采用分布式体系可提高火控系统应变能力,使其在复杂战场环境下的生存能力和威力得以提高。可以预见,采用自适应射击窗火控理论的分布式配置高炮系统定会在增大自身生存概率的同时,提高对空中目标的拦截概率。本章研究在高炮分布式配置条件下自适应射击窗火控理论的应用问题。首先阐述集中式与分布式配置高炮系统的概念及异同,其次提出分布式配置高炮系统自适应射击窗时空域射击与空间域射击两种控制算法,给出它们的具体实现步骤,并进行数值仿真分析。

5.1　集中式与分布式高炮系统

高炮系统拦截空中目标时包含情报预警系统(如防空警戒雷达)、指挥控制系统(包括各级指挥机构及其信息传输网)、火控系统(炮瞄雷达或火控计算机等)以及火力系统(此处指高炮)4个部分。下面重点分析火控系统。

火控系统的任务是解相遇方程组计算射击诸元。其工作过程是:搜索并确定拟拦截的空中来袭目标,然后准确地跟踪该目标的航路,自动连续地获得目标运动有效信息,作目标运动规律假定建立目标运动方程,并与高炮所发射弹丸的外弹道方程联立计算目标提前点,叠加各种修正量后得到射击诸元,最后将射击诸元输出给高炮,供其进行射击。高炮火控系统包含传感器子系统、计算机子系统和传送装置子系统。它们各自的功能为:传感器测定目标坐标数据;计算机自动连续地输出射击诸元;传送装置实时地将射击诸元输出给高炮。随着火控系统的不断发展,分布式火控是一个重要的方向。下面分析传统火控系统与分布式火控系统之间的差异。

5.1.1 传统火控系统

在传统火控系统配备中,通常只牵引高炮系统中的一个高炮连才有火控系统,供该连使用,故其是高炮连的核心部分,它一般配置在高炮阵地附近(不能太远,否则信息传输效果不佳)。这种一套火控系统与一个高炮单位配备的模式,称为"一对一火控",此处的一个高炮单位包括牵引高炮连、自行火炮单车或高炮排;本地火控是指传感器在高炮阵地附近配置,距离不能太大。

在这种传统的配置模式下,与火控系统配套的一个高炮单位必须是集中密集配置。其原因有两点:一是若配置距离过大,会引起使用相同射击诸元的各门高炮形成各自的弹丸散布中心,那么其弹丸就不能聚集在同一个散布中心周围;二是受制于有限的信号远距离传输能力,所以高炮阵地一般要集中。它存在以下缺点:生存能力低且对(超)低空目标射击难度较大。

5.1.2 分布式火控系统

网络通信技术、传感器技术与现代数字计算机软硬件水平的迅猛发展,大大地提高了数据处理以及远程高速传输能力,使分布式火控系统结构变成现实。

分布式火控系统是指将传感器(目标探测设备)和火控单元(火控计算机)在逻辑上分开,然后在一个地域或有限规模内,通过网络把全部传感器与火控单元联系起来,形成一个整体,使后者可得到任意一个传感器的火控空情,并解算出射击诸元输出给随动系统,其本质是共享非隶属配置的作战资源。

分布式火控系统的特征如下。

1. 多对多火控

"多对多火控"打破了原来一套火控系统与一个高炮单位配备的"一对一火控"模式,它将一定范围内全部传感器与火控单元统一联系起来,如图 5-1 所示,实现了在非隶属配置作战资源之间的信息共享,形成协同作战,当然这种作战资源之间的组合具有随机性和动态变化性,而不是固定一成不变。"多对多"体现的是在逻辑上不再"一对一",而与在物理(地点)上是否分开配置没有必然联系。

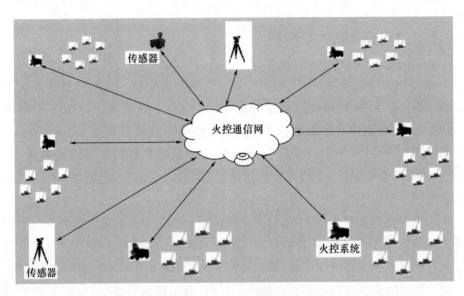

图 5-1 分布式火控系统

2. 分布式扁平化

作战资源之间的位置关系成分布式,无须再集中密集配置;它们相互之间的通信不经过其他环节,是单层次。

3. 重组性与开放性

分布式火控系统内作战资源之间的组合比较自由,可根据需求出现、又随着任务的完成而消失,具有动态性;火控网络之间传输的是目标有效消息,它不针对某一特定类型的高炮,所以其他类型的高炮也可入网,具有开放性。

4. 分炮火控

分炮火控是指处于不同位置的高炮对同一个目标的射击诸元不再一样,而是针对其不同位置进行坐标系换算,然后分别计算各自的射击诸元。这样就不用再考虑高炮之间的间隔对弹丸散布效果的影响。要想实现分炮火控模式需要研制单炮火控计算机,负责联系高炮和主火控系统。

分布式火控系统有效提升了高炮系统的效能,主要体现在[9]:

(1) 异地配置的传感器系统扩大了高炮系统的作战范围,并增加了拦截时间。

前出配置的传感器将其测得的目标信息传给后方,引导后方高炮射击,弥补了传感器有效使用距离近的缺点,实现超视距射击,扩大了作战范围并增加了射击机会。

(2) 提高传感器资源的使用效率。

(3) 可以提高高炮系统的战场生存能力。

(4) 开放性体系可共享多种探测手段搜集到的空情信息。

(5) 分炮火控可以避免后炮打前炮,发挥其低射角射击水平。

传统的集中配置高炮系统进行空域窗射击时,由于高炮之间距离相对较近,其到达各自弹丸散布中心的射弹飞行时间相差很小,所以,可认为同一时刻发射的各高炮弹丸将同时抵达预设区域,构成未来空域窗。但对于分布式配置的高炮系统而言,受高炮分散配置的影响,各火力单元的射击诸元不一致,尤其是射弹飞行时间相差较大,这就产生了分布式各火力单元协同射击的问题。针对此问题,下面结合分散配置高炮阵地的实际情况,提出自适应射击窗的两种火控算法。

为简便并不失一般性,此处考虑的分布式配置高炮系统,其结构示意图如图 5-2 所示[8]。

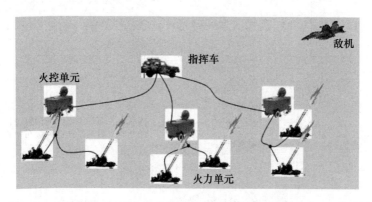

图 5-2 分布式配置高炮系统结构示意图

分布式配置高炮系统包括 1 辆指挥车(记为高炮火控中心计算机)和 3 个实现了信息共享的子系统,每个子系统由 1 部火控单元和 2 门火力单元(高炮)组成。各子系统火控单元接收火控中心计算机下发的目标现在点坐标、射击控制指令等,自行解算所属各火力单元的射击诸元(包括射角、提前方位角和弹丸飞行时间),关于分布式火控系统之间的信息传输、时间同步等问题可参阅参考文献[2]。根据前面描述的空域窗射击原理可知,实现空域窗射击的约束条件有两个,分别是时间约束和空间约束。

(1) 时间约束:弹丸同一时刻抵达各自散布中心。

(2) 空间约束:弹丸散布中心以预测未来点为圆心呈规律性分布。

5.2 时空域射击窗设计与应用

时空域射击窗方式的定义：弹丸按照所属火力单元赋予的射击诸元，经过各自弹丸飞行时间的飞行后，于同一时刻抵达空域窗内的各预定散布中心，实现对目标同一未来点的火力包围，即在时间域和空间域上均满足空域窗约束条件，称为时空域射击窗。其射击窗示意图如图 5-3 所示（以 3 门高炮和圆形空域窗为例）。

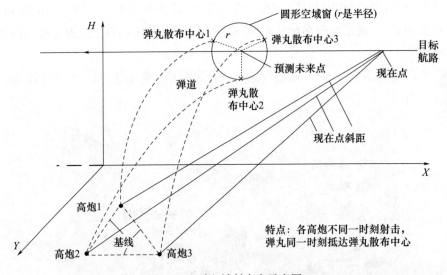

图 5-3 时空域射击窗示意图

假设共有 m 门高炮，与各弹丸散布中心一一对应，则时空域射击窗火控算法的流程如图 5-4 所示。其中，虚线框图 1 是各子系统火控机（记为高炮火控机）一次处理过程，虚线框图 2 是各子系统火控机二次处理过程。其具体实现步骤如下：

步骤 1：高炮火控中心计算机将当前时刻 t_0 的目标现在点，基于目标运动假定沿时间轴外推至未来某时刻 t_p，然后通过基线修正，得到 t_p 时刻各高炮目标现在点坐标。$\Delta t = t_p - t_0$ 是完成协同需要的时间，包括高炮火控中心计算机和各高炮火控单元之间完成通信、解算，高炮随动系统完成随动等所需时间，其大小可通过离线统计分析计算[32]。

步骤 2：（子系统火控机一次处理）各高炮对 t_p 时刻的现在点解相遇得到各

自的弹丸飞行时间 $t_{f,i}, i=1,2,\cdots,m$ 后,高炮火控中心计算机对 $t_{f,i}, i=1,2,\cdots,m$ 进行比较,选取最长弹丸飞行时间 $t_{f\max}=\max\{t_{f,i}, i=1,2,\cdots,m\}$,并将 $t_p+t_{f\max}$ 设定为弹丸抵达各散布中心的同一时刻。

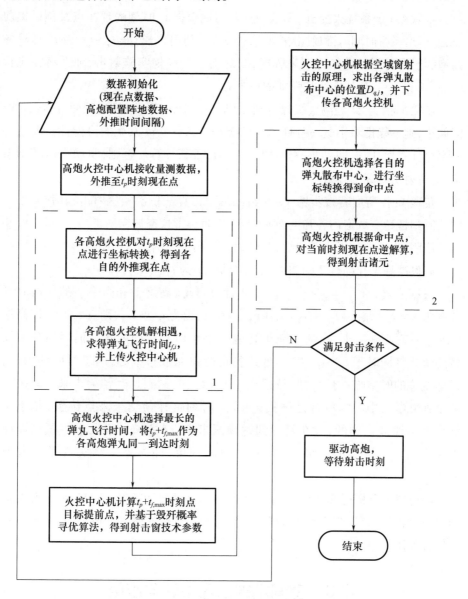

图 5-4 火控算法流程

步骤 3:高炮火控中心计算机将当前时刻 t_0 的目标现在点外推至 $t_p+t_{f\max}$ 时

刻,得到目标未来点 D_q,然后基于未来空域窗射击原理,计算各高炮弹丸散布中心 $D_{q,i}, i=1,2,\cdots,m$ 与 D_q 相对位置偏差量 X_i,进而求得其弹丸散布中心 $D_{q,i}$(又称预设提前点)。

步骤4:(子系统火控机二次处理)各高炮根据 t_0 时刻的现在点及预设提前点,逆解出飞行时间 $t_{f,i}$ 和射击诸元(β_{qqi},φ_i)。利用公式 $t_i=t_p+t_{fmax}-t_{f,i}$ 计算各高炮的射击时刻。当 t_i 时刻来临时,与之对应的高炮实施射击,弹丸将在飞行 $t_{f,i}$ 后,于 t_p+t_{fmax} 时刻抵达其弹丸散布中心。

步骤5:因为 Δt 经离线统计得到,对某一次射击诸元解算过程而言,若 Δt 取值偏小,则不能排除小概率事件 $t_0>t_i,\forall i=1,2,\cdots,m$ 发生的可能性。若此小概率事件发生,则返回到步骤1,增大 Δt 值,重新计算。否则,驱动高炮随动系统,等待射击时刻实施射击。

定理1:各高炮若按步骤1~5给出的射击算法依次实施射击,其弹丸可于同一时刻抵达空域窗内各弹丸散布中心,对目标形成空域窗射击。

证明:为简便并不失一般性,此处以两门高炮为例进行说明。

假设高炮1和高炮2的弹丸飞行时间分别为 $t_{f,1}$ 和 $t_{f,2}$,并有 $t_{f,1}>t_{f,2}$。

根据公式 $t_j+t_{f,j}=t_p+t_{fmax},j=1,2$ 计算可得,高炮1和高炮2的射击时刻分别为 $t_1=t_p+t_{fmax}-t_{f,1}$ 和 $t_2=t_p+t_{fmax}-t_{f,2}$。因为 $t_{f,1}>t_{f,2}$,则有 $t_1<t_2$,即高炮1在 t_1 时刻实施射击,高炮2晚于高炮1在 t_2 时刻实施射击。但两门高炮发射的弹丸将同时于 t_p+t_{fmax} 时刻抵达各自的弹丸散布中心,满足时间约束;由目标航迹的时空唯一性可知,目标也于 t_p+t_{fmax} 时刻到达其预测未来点。由于两个弹丸散布中心的位置是根据 t_p+t_{fmax} 时刻目标预测未来点位置,基于空域窗射击原理得到的,故在目标到达预测未来点的同时,弹丸也将抵达以此未来点为圆心构成的空域窗内,满足空间约束,即高炮系统实现了空域窗射击。

经过以上分析可知,时空域射击窗的本质是通过牺牲射击时机,保证弹丸的同一时刻抵达,以实现空域窗的合成,提高拦截目标的概率,其可与拦阻射击体制结合使用。

5.3 空间域射击窗设计与应用

空间域射击窗方式的定义:同一时刻发射的弹丸按照所属火力单元赋予的射击诸元(基于空域窗射击原理计算),经过各自弹丸飞行时间的飞行后,抵达预定的散布中心点,称为空间域射击窗。因为弹丸飞行时间大小不一致,同一时刻发射的弹丸将不会同时抵达各散布中心,故空间域射击窗方式仅在空间域上满足空域窗的约束条件,在时间约束上并不成立。其具体实现步骤如下:

步骤1:高炮火控中心机基于当前时刻 t_0 的目标现在点观测数据解相遇,得到目标预测未来点和弹丸飞行时间 t_f'。假设空域窗半径为 $r(t_f')$,根据相关知识计算各弹丸散布中心与预测未来点的相对位置偏差量 $X_i(t_f')$。

步骤2:将 $X_i(t_f')$ 作为对各门高炮预测未来点的修正量 X_i',叠加到解相遇方程组中。

步骤3:各高炮火控机根据阵地配置情况,计算 t_0 时刻各自的目标现在点坐标 D_i,根据式(5-1)解相遇求得提前点 D_{qi} 及射击诸元,其中弹丸飞行时间记为 t_{fi}。

$$D_{qi} = D_i + S_i(t_{fi}) + X_i', t_{fi} = f(D_{qi}) \quad (5-1)$$

式中:S_i 表示目标运动的提前量。

步骤4:计算射击诸元后,各高炮即可实施射击。

步骤5:射击结束的高炮可立即转入下次射击准备过程中。

记 $\tau_i = t_{fi} - t_f'$ 表示两者的时间差,$X_i(t_{fi})$ 表示与第 i 门高炮相对应的预测未来点修正量。在式(5-1)中,很显然 X_i' 和 D_i 与 t_{fi} 无关,但此处的 X_i' 可记作 $X_i(t_{fi})$,即 $X_i(t_{fi}) = X_i'$。又根据前述步骤1和步骤2可知,$X_i' = X_i(t_f')$,则有

$$X_i(t_{fi}) = X_i(t_f') = X_i(t_{fi} - \tau_i), i = 1, 2, \cdots, m \quad (5-2)$$

式(5-2)表明空间域射击窗的空间约束与时间域无关,两者相互独立。

对空间域射击窗方式,给出如下数学解释。借鉴随机过程中平稳过程的思想,空域窗内各弹丸散布中心的统计特性不随时间变化而变化,其仅与射击窗技术参数有关,而与弹丸飞行时间无关,此处的统计特性是指空域窗内各弹丸散布中心与预测未来点的相对位置偏差量。其射击窗示意图如图5-5所示(以3门高炮为例)。

从以上分析可知,空间域射击窗与传统的集火射击区别在于:将空域窗内各弹丸散布中心与预测未来点的相对位置偏差量作为修正量,叠加到解相遇方程组中。与时空域射击窗方式相比,空间域射击窗无须满足时间约束条件,不会浪费射击时机,其可与跟踪射击体制结合使用。

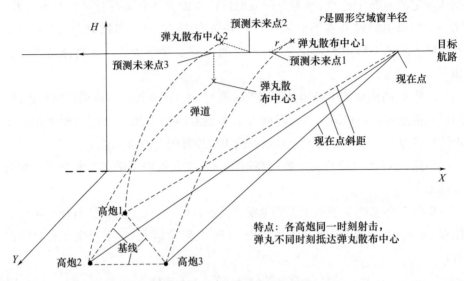

图 5-5　空间域射击窗示意图

5.4　仿真验证

本节内容分为三部分:时空域射击窗可行性的仿真验证、空间域射击窗的可行性仿真验证以及两种射击方式与集火射击毁伤效能比较。

1. 时空域射击窗可行性的仿真验证

下面分目标临近飞行和目标离远飞行进行仿真,验证时空域射击窗的可行性。

(1)目标临近飞行。

仿真条件:假设在大地直角坐标系下,高炮阵地配置如图 5-6 所示,Z 点是炮阵地中心,$r_1=600\mathrm{m}$ 表示各子系统成等边三角形配置时的边长,$r_2=200\mathrm{m}$ 表示子系统内两炮呈一字线性排列时的距离,共 6 门高炮。目标匀速直线运动,当前时刻现在点 $(1600,800,500)\mathrm{m}$,速度 $(-200,0,0)\mathrm{m/s}$。

按照图 5-4 所示流程图解算射击诸元,具体过程如下。

步骤1:外推现在点。$t_0=0$,取时间间隔 3s,得 $t_p=3$ 时的现在点 $(1000,800,500)\mathrm{m}$。

步骤2:高炮一次处理。求各高炮对 $t_p=3$ 时刻目标的现在点,偏差量为

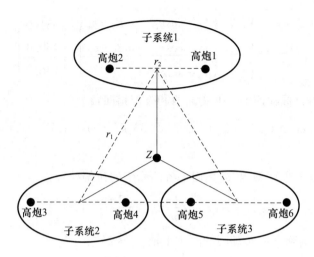

图5-6 高炮阵地配置

$$[-x_1-y_1-x_2-y_2-x_3-y_3-x_4-y_4-x_5-y_5-x_6-y_6]$$
$$=(-100,-200\sqrt{3},100,-200\sqrt{3},400,100\sqrt{3},200,100\sqrt{3},-200,100\sqrt{3},-400,100\sqrt{3}) \tag{5-3}$$

分别计算6门高炮的目标现在点坐标:$(900,800-200\sqrt{3},500)$m,$(1100,800-200\sqrt{3},500)$m,$(1400,800+100\sqrt{3},500)$m,$(1200,800+100\sqrt{3},500)$m,$(800,800+100\sqrt{3},500)$m,$(600,800+100\sqrt{3},500)$m。

解相遇求得各门高炮的弹丸飞行时间 1.26s,1.43s,2.06s,1.89s,1.62s,1.53s;选择其中最大值2.06s。则$t_p+t_{f,\max}=5.06$s,设定为各高炮的同一到达各弹丸散布中心时刻。

步骤3:高炮中心计算机。中心计算机得到目标未来点D_q坐标为$(X_q,Y_q,H_q)=(588,800,500)$m,假设目标位置预测误差为$(5,15,1)$m,基于毁歼概率寻优计算得到的射击窗高低和方位角为$(4.50,10.61)$mil,毁歼概率最大值为0.9126。

计算$D_{q,j},j=1,2,\cdots,m$,过程如下:

$$(r_a,r_b)=(D_q a_\varphi, d_q a_{\beta q}) \tag{5-4}$$

式中:a_φ为射击窗高低角;$a_{\beta q}$为射击窗方位角;经计算得$(5.00,10.53)$m。

利用弹丸存速拟合函数计算其在未来点的速度$V_b=607$m/s,由弹丸倾角拟合函数计算存速高低角$\varepsilon_b=445.50-62.89=382.6$mil和存速方位角(炮目方位角)$\beta_b=894.7$mil。假设在未来点的目标速度估计值为$\mathbf{V}=(v_x,v_y,v_h)=(-200,0,0)$m/s,即可求得弹丸相对目标的预测存速为

$$\boldsymbol{V}_b^* = \begin{pmatrix} V_{bx}^* \\ V_{by}^* \\ V_{bh}^* \end{pmatrix} = \begin{pmatrix} V_b \cdot \cos\varepsilon_b \cdot \cos\beta_b - v_x \\ V_b \cdot \cos\varepsilon_b \cdot \sin\beta_b - v_y \\ V_b \cdot \sin\varepsilon_b - v_h \end{pmatrix} = \begin{pmatrix} 531.0 \\ 450.4 \\ 236.7 \end{pmatrix} \quad (5-5)$$

弹丸相对目标存速的高低指向角和方位指向角为

$$\varepsilon_b^* = \arctan(V_{bh}^* / \sqrt{V_{bx}^{*2} + V_{by}^{*2}}) = 0.33, \beta_b^* = \arctan(V_{by}^* / V_{bx}^*) = 0.70 \quad (5-6)$$

在弹目偏差坐标系内，迎弹面上各门高炮的拉偏配置为

$$\boldsymbol{X}_i = (x_i', y_i') = \left(r_a \cos\frac{2\pi}{m}i, r_b \sin\frac{2\pi}{m}i \right)^T, i=1,2,\cdots,m \quad (5-7)$$

式中：(r_a, r_b) 为弹丸散布椭圆的两个半轴；m 为高炮门数。

将其转换成直角坐标系中的拉偏配置量公式为

$$\begin{cases} \Delta x_i = y_i' \cos\left(\beta_b^* + \dfrac{\pi}{2}\right) - x_i' \cos\left(\dfrac{\pi}{2} - \varepsilon_b^*\right) \sin\left(\beta_b^* + \dfrac{\pi}{2}\right) \\ \Delta y_i = y_i' \sin\left(\beta_b^* + \dfrac{\pi}{2}\right) + x_i' \cos\left(\dfrac{\pi}{2} - \varepsilon_b^*\right) \cos\left(\beta_b^* + \dfrac{\pi}{2}\right) \\ \Delta h_i = x_i' \sin\left(\dfrac{\pi}{2} - \varepsilon_b^*\right) \end{cases} \quad (5-8)$$

对未来点进行修正可得各门高炮的命中点：$(x_i, y_i, h_i) = (X_q + \Delta x_1, Y_q + \Delta y_1, H_q + \Delta h_1)$。

步骤4：高炮二次处理。利用式(5-3)计算各门高炮的偏差量，对第 i 门高炮而言，目标提前点为：(顺序配对)$(x_i - x_{(i)}, y_i - y_{(i)}, h_i)$。

由提前点计算各炮射击诸元(β_{qq}, ϕ)和弹丸飞行时间 $t_{f,j}$，计算公式如下：

提前方位角：$\beta_{qqi} = \arctan(x_i/y_i) + \delta_\beta(\sqrt{x_i^2 + y_i^2}, h_i)$

射角：$\phi_i = \arctan(h_i / \sqrt{x_i^2 + y_i^2}) + \alpha\sqrt{x_i^2 + y_i^2}, h_i)$

弹丸飞行时间：$t_{f,j} = f(\sqrt{x_i^2 + y_i^2}, h_i)$

其中，$i=1,2,\cdots,m$，$\delta_\beta(\sqrt{x_i^2 + y_i^2}, h_i)$ 为偏流修正量，$\alpha(\sqrt{x_i^2 + y_i^2}, h_i)$ 为高角，查射表可得。

由此得到如下结果：(三个量分别是弹丸飞行时间(s)，方位角(mil)，射角(mil))。

$(1.12, 777.4, 622.0), (1.30, 949.9, 532.4), (2.06, 764.8, 343.3), (1.86, 654.5, 370.4), (1.58, 358.9, 428.5), (1.51, 174.7, 452.3)$。

因为所设定的各高炮同一到达各弹丸散布中心时刻为5.06s,故各门高炮的射击时刻为3.94s,3.76s,3.00s,3.20s,3.48s,3.55s。由这些射击时刻均大于0可知,本次射击可行。

(2)目标离远飞行。

仿真条件为:目标当前时刻现在点:(400,800,500)m,速度(200,0,0)m/s,其余条件同(1),具体计算过程不再赘述,仅给出最终射击诸元。

得到如下结果:(三个量分别是弹丸飞行时间(s),方位角(mil),射角(mil))。

(2.66,1245.8,284.9),(3.04,1280.8,260.7),(3.99,1110.0,223.6),(3.59,1071.4,235.1),(2.88,971.9,267.6),(2.57,906.8,290.3)。

因为所设定的各高炮同一到达各弹丸散布中心时刻为6.97s,故各门高炮的射击时刻为4.31s,3.93s,2.98s,3.38s,4.09s,4.40s。由这些射击时刻均大于0可以看出,本次射击可行。同时也证明了外推的必要性,因为第3门高炮的射击时刻小于外推时刻,若不外推,则第3门高炮来不及射击。

2. 空间域射击窗可行性的仿真验证

以临近飞行的目标为例。仿真条件为:目标当前时刻现在点:(2000,800,500)m,速度(-200,0,0)m/s,其余条件同上小节(1)。

分别计算各高炮的弹丸散布中心点和与之对应的目标预测未来点,将其位置坐标值作差得到两者的差值(包括 X 轴和 Y 轴方向分量,分别记为 d_1 和 d_2),分析各差值变化规律,即剔除时间因素后,分析各弹丸散布中心和与之对应预测未来点相对偏差量的分布规律。仿真结果如表5-1和图5-7所示。图5-7中实线表示剔除时间因素后各高炮的 d_1 和 d_2 值,虚线是其最佳拟合曲线(圆形,半径为20.2m)。

表5-1 各高炮的位置差及弹丸飞行时间

高炮编号	d_1/m	d_2/m	t_f/s
1	17.1	9.3	2.27
2	17.2	-11.2	2.51
3	0.4	-19.5	3.16
4	-17.0	-14.2	2.92
5	-17.2	8.9	2.46
6	0.2	20.2	2.26

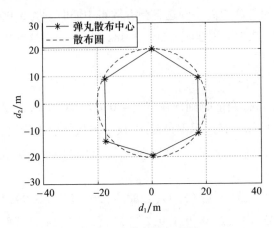

图 5-7 弹丸散布中心

经过分析图 5-7 可知,剔除时间因素后,弹丸散布中心近似均匀分布在同一个圆周上,这说明此种方法可以实现空域窗射击,是可行、有效的。但存在的问题是:此时计算的射击窗技术参数不一定是最优的。

3. 三种射击方式毁伤效能比较

设置不同的仿真参数,通过蒙特卡罗法计算时空域射击窗、空间域射击窗和集火射击三种方式的毁歼概率,进行分析验证所提算法的有效性。

仿真条件:目标位置预测误差均方差 σ、圆形射击窗技术参数 r 和每门高炮发射弹丸数 n 发 5 组(表 5-2);空域窗射击时弹丸散布误差均方差大小是射击窗技术参数大小的 $\sqrt{2}/2$,单位为 m,集火射击时弹丸散布误差均方差为 2m,高炮门数 6 门,毁歼目标所需的平均命中弹数 $w=3$ 发,目标等效圆半径 5.6m。

表 5-2 三种射击方式的毁歼概率

组别	σ/m	r/m	n/发	P_k		
				时空域射击窗	空间域射击窗	集火射击
一组	20	20	5	0.1217	0.1150	0.0715
二组	20	20	20	0.3710	0.3729	0.1115
三组	10	20	5	0.1634	0.1659	0.2683
四组	10	20	20	0.5174	0.5004	0.3463
五组	10	10	5	0.3888	0.3791	0.2777

首先判断目标与弹丸是否发生碰撞,检测方法为:计算目标与弹丸的相对距离,若此距离小于目标等效圆半径,则认为弹丸命中目标。统计出所有命中的弹

丸数记为 N,则一次毁歼概率 P 计算公式为:

$$P = 1 - (1 - 1/w)^N \quad (5-9)$$

仿真 1000 次,然后对所有毁歼概率 P 取平均,即为毁歼概率值 P_k。

仿真结果如表 5-2 和图 5-8 所示。图 5-8(a)是在目标位置预测误差均方差为 20m、圆形射击窗技术参数为 20m 时,三种射击方式的毁歼概率随弹丸数的变化规律曲线;图 5-8(b)是在目标位置预测误差均方差为 10m、每门高炮发射 5 发弹丸时,三种射击方式的毁歼概率随空域窗半径的变化规律曲线。

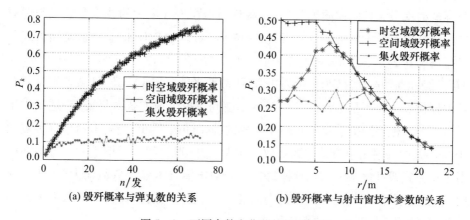

(a) 毁歼概率与弹丸数的关系　　(b) 毁歼概率与射击窗技术参数的关系

图 5-8　不同参数变化下的毁歼概率

结果分析:

(1) 图 5-8 中的 6 条曲线不严格平滑是由蒙特卡罗仿真次数不足导致的。但因为各曲线的随机波动均较小,故其对仿真结果的影响可以忽略不计。

(2) 对比表 5-2 中第一、二组仿真结果及图 5-8(a)可知,在目标位置预测误差较大时,两种射击窗方式的毁歼概率相差无几,均优于集火射击。其原因是:两种射击窗方式根据目标位置预测误差选择了合适的射击窗技术参数,扩大了对目标的有效拦截区域,故提高了毁歼概率。随着弹丸数的增加,集火射击毁歼概率提高的幅度有限,虽然两种射击窗方式也会出现毁歼概率高原现象,但其毁歼优势却更加明显。原因是:虽然增加了弹丸数,但集火射击的有效拦截区域并未增加,仅仅是在原拦截区域内的弹丸散布密度增大,这就造成了弹丸的浪费。而两种射击窗方式将浪费的弹丸配置到弹丸散布密度稀疏的区域,扩大了有效拦截区域,这也是空域窗射击的基本原理。

(3) 分析表 5-2 中第三、四组仿真结果,在目标位置预测误差较小时,若每门高炮发射的弹丸数偏少,由于射击窗技术参数选择得过大,导致时空域和空间域射击窗内弹丸散布稀疏,降低了毁歼概率。而集火射击能够集中较少的弹丸数,与前者相比提高了弹丸散布密度,故其毁歼概率大于前者;但当弹丸数增加到20发时,增大了射击窗内弹丸散布密度,使其毁歼概率提高幅度大于集火射击提高幅度,导致两种射击窗方式优于集火射击。这说明在火力密度大的条件下,两种射击窗方式更适用。

(4)对比表5-2中第三、五组仿真结果及分析图5-8(b)可知,在其他条件一定的前提下,射击窗技术参数与目标位置预测误差存在最优匹配关系,使毁歼目标的概率最大。但在同等条件下,两种射击窗方式最优的技术参数及与之对应的毁歼概率最大值不一致;当射击窗技术参数取为0时,时空域射击窗方式毁歼概率为0.2704,空间域射击窗方式为0.4976,集火射击方式为0.2719。此时,时空域射击窗方式等效为集火射击方式,故两者毁歼概率一致,细微差别是由蒙特卡罗仿真次数不足引起的。但两者比空间域射击窗方式效果要差,这是由于后者部分目标预测提前点斜距离小造成的;同时可以看出,当射击窗技术参数大于8m时,两种射击窗方式的毁歼效果相差无几,这也解释了图5-8(a)中两种射击窗方式毁歼概率的变化规律;另外,若射击窗技术参数取值偏大(大于14m时),则会使其毁歼概率比集火射击的还小,这是因为射击窗技术参数偏大使其内部弹丸散布稀疏,减小了毁歼概率。

综上所述,在本书设置的不同仿真条件下,时空域和空间域射击窗方式毁歼目标的概率与理论分析结果一致,是可行和有效的。

5.5 小结

本章研究了自适应射击窗火控理论在分布式配置高射速、小口径高炮系统中的应用问题,解决了分布式配置高炮之间协同射击的问题。提出了时空域射击窗与空间域射击窗两种射击方式,阐述了它们的基本思想及具体实现步骤,并通过仿真验证了其可行性和有效性。时空域射击窗方式通过牺牲射击时机,保证了弹丸于同一时刻抵达空域窗内各弹丸散布中心,实现了射击窗的合成,提高了拦截目标的概率,其可与拦阻射击体制结合使用;空间域射击窗方式计算射击诸元后即可实施射击,不会浪费射击时机,其可与跟踪射击体制结合使用。这两种射击方式对分布式配置高射速、小口径高炮系统空域窗射击方式的工程设计具有一定的参考价值。

参考文献

[1] 王中许,陈黎. 分布式高炮火控系统 3 种射击方式的实现[J]. 兵工学报,2011,32(7): 795-800.

[2] 王中许,张学彪,盛安冬. 基于分布式节点的火控体系研究[J]. 兵工学报,2005,26(5): 638-641.

[3] 徐惠钢,郭治. 网络火控系统及其构建[J]. 南京理工大学学报(自然科学版),2007,31(2):139-142.

[4] 刘锐. 分布式数字化牵引高炮火控系统分析与实现[D]. 南京:南京理工大学,2009.

[5] 陈杰,方浩,辛斌,等. 数字化陆用武器系统中的建模、优化与控制[J]. 自动化学报,2013,39(7):943-962.

[6] 刘锐,陈枫,盛安冬. 基于联邦架构的分布式火控系统拦阻射击方法[J]. 火力与指挥控制,2010,35(4):17-20.

[7] 王涛. 对 2010—2030 年我军高炮武器装备建设发展基本看法[J]. 桂林空军学院学报,2009,26(1):5-8.

[8] 刘恒,梅卫,单甘霖. 分布式高炮火控系统空域窗射击方法[J]. 弹道学报,2014,26(2):52-57.

[9] 王春平,孙书鹰,程远增,等. 现代高炮火控系统原理[M]. 北京:国防工业出版社,2013.

第6章　自适应射击窗火控毁伤效能评估

一种新的射击体制从理论构想到工程应用,是一个复杂且漫长的过程,对其可行性和有效性的验证是很重要的一环,验证手段按顺序包括计算机仿真和靶场试验。目前,对自适应射击窗火控技术的验证还处于计算机仿真阶段。

传统上计算高炮着发射击毁歼概率通常采用解析法,速度快、计算简便[1],但也存在着以下明显的缺点,如在将具体问题抽象提炼成数学问题时,不可避免地进行近似和简化,无法考虑全部因素,等等。而蒙特卡罗法利用概率统计抽样理论,以计算机为工具模拟随机现象。其基本前提是必须建立符合问题实际情况的概率模型。独立对模型进行足够多次的统计抽样,可得到特征量的一个样本,对该样本进行统计处理得到特征量的估值作为原问题的近似解。它适合描述高炮点射过程中随机性因素的影响,其仿真结果可信度更高,是一种对高炮系统效能评估比较有效的方法[2]。计算机软硬件技术的迅速发展,大大提高了计算机的能力,这为蒙特卡罗法的广泛应用奠定了坚实的基础。

Simulink 是 MATLAB 环境下的一个图形化建模软件包[3-7],方便、简单、实用。使用者仅仅利用鼠标就能在它提供的图形用户界面上建立复杂的系统模型,以模块化和分层结构的形式呈现。基于 Simulink 构建的这种系统模型既能让使用者了解动态细节,又可以清晰地了解各环节、各子系统以及各系统之间的信息传输,掌握它们之间的相互关系,增强了人机交互性。故基于 MATLAB/Simulink 软件设计开发高炮系统效能评估仿真平台,在平台具体开发过程中,针对仿真数据处理问题,提出基于 Bootstrap 和灰色距离测度相结合的数据处理方法,其优于现有的灰色距离测度方法。以此仿真平台为基础,通过设置多种典型环境评估高炮系统集火射击和自适应射击窗火控技术的毁伤效能,得到了一些有益的结论。

6.1 效能评估总体设计

从仿真平台的体系结构考虑,就是把一个庞大的系统分解成具有一定独立功能的子系统(又称子单元),每个子系统对应一个模块。针对单个模块,研究其输入输出参数和人机交互参数的数量和关系,单独设计、单独开发以及单独测试,以确保其正确性。当开发完成全部的模块进行协同组合时,分析研究各模块间输入输出参数类型和数量,通过各子系统相互之间的接口完成信息传输。若需要升级改造该仿真平台,只需要对局部的相关模块进行升级即可。

仿真平台包括:系统模块库和系统分析模块库两个基本模块库,两个库共有8个模块,其基本体系结构如图6-1所示。系统模块库包括:空情仿真模块、雷达仿真模块、火控系统仿真模块、高炮仿真模块4个部分;系统分析模块库也包括:目标毁歼过程仿真模块、仿真控制/数据处理模块、图形显示模块和数据库模块4个部分。

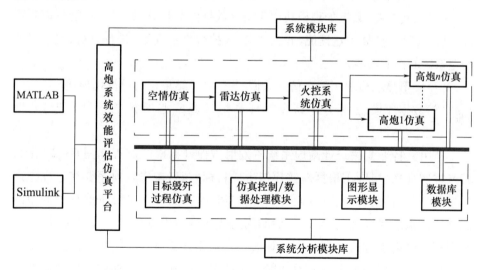

图6-1 仿真平台结构

各模块的主要功能分别如下。

(1)空情仿真模块在仿真实验中通过选取几种典型的运动航路模型以及合理的运动假定,建立模拟目标飞行的数学模型,并且目标可以按照预先设定进行机动,实时生成目标航迹数据。

(2)雷达仿真模块用于仿真雷达搜索跟踪系统的工作过程。

(3)火控系统仿真模块用于仿真火控系统的工作过程,包括目标运动参数滤波平滑和射击诸元求取两大过程。对目标运动参数的滤波方法包括Kalman滤波技术、IMM多模滤波技术[17]。计算射弹飞行时间时采用最小二乘法将射表的表格函数拟合成简单的解析函数来近似表示。解相遇方程组求提前点时综合利用迭代法(简单迭代法或改进迭代法)、牛顿法和弦截法[17]三种数值计算方法,并根据实际需要比较分析上述算法的性能优劣。计算提前点后按照不同的射击体制要求分别求解相应的射击诸元,其中,在计算自适应射击窗火控技术的射击诸元时,包括运动模式识别及机动幅度估计、射击窗技术参数寻优计算两部分重要内容。

(4)高炮仿真模块用于仿真高炮的射击过程。接收到火控系统传递的射击诸元后,该模块通过插值法外推实际弹道,并叠加射弹散布误差和修正射击条件误差实时解算弹丸的空间位置。

(5)目标毁歼过程仿真模块用于仿真弹丸命中/毁歼空中目标的过程与结果。采用统计模拟法判断弹丸命中事件的发生,然后统计目标毁歼概率。

(6)仿真控制/数据处理模块用于仿真数据的分析处理和记录,既可以对系统各模块的性能(如雷达性能、滤波效果、火控解算精度等)进行分析,也可以评估全系统的作战效能。

(7)图形显示模块用于对仿真数据、各种分析结果进行可视化描述。

(8)数据库模块用于存储和管理高炮仿真实验所需的各种数据,如射表等。

利用蒙特卡罗法统计高炮系统着发射击毁歼概率的流程如图6-2所示,其基本实现思想是:①根据航迹模拟生成目标航路,按先后顺序叠加过程噪声和量测噪声,输出目标状态的真值和量测值;②火力控制系统按照预设的跟踪滤波算法求解目标运动参数,然后利用迭代法解命中方程组计算目标提前点,并根据不同射击方式原理分别计算其各自的射击诸元;③火力(高炮)系统依据火控系统分配的射击诸元叠加射击条件偏差的修正误差抽样值以及射弹散布误差后进行射击,通过射表插值外推弹道求出弹丸所处的实际位置;④判断弹丸是否与目标发生碰撞,统计出命中目标的弹丸个数,利用命中击毁律计算公式得到毁歼概率;⑤将上千次仿真得到的毁歼概率计算结果进行数据处理得到目标毁歼概率。根据仿真实验需要,平台中可以同时有多个实体仿真子系统,如采用集火射击方式的火控系统和采用自适应射击窗火控技术的火控系统。

第6章 自适应射击窗火控毁伤效能评估

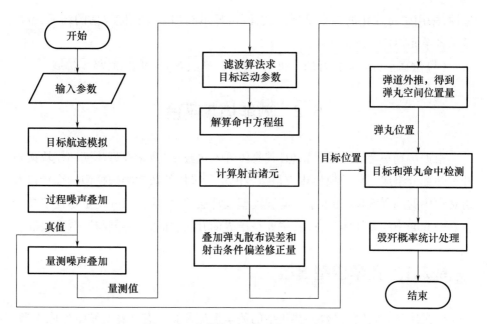

图 6-2 蒙特卡罗法统计毁歼概率流程

仿真平台具备的功能是：

(1) 该仿真平台提供高炮武器全系统的仿真环境,涵盖了高炮武器系统的各子系统,包括高炮武器系统对空中目标的"搜索、跟踪、火控解算、攻击毁伤及评估"等过程,可形象地展现高炮系统的工作过程和信息流程。

(2) 该仿真平台可对采用不同火控技术的高炮系统进行效能评估,分析比较各种火控技术的性能,为其被合理使用提供依据。

(3) 该仿真平台采用开放性的原则,可进行高炮各子系统参数级或结构级的修改与替代,它提供了从高炮各子系统到全系统的仿真环境,为深入研究和分析各子系统的功能以及其对全系统的影响等提供了支撑[8]。

仿真平台的主要特点有以下4个：

(1) 采用了开放性的设计原则。该平台提供的是一个研究和分析高炮武器系统效能的工具,使用者可根据自己的想法开展仿真实验,并对获得的实验结果进行分析,验证其是否可行及合理。

(2) 按照高炮武器系统的工作过程,采用模块化结构与参数化输入形式,既能形象地展现高炮系统的信息处理过程,便于理解和掌握,又能在平台升级时只需要升级与之相对应的模块,操作简单、高效。

(3) 为便于理解高炮系统信息处理过程中各单元模块的功能,增强生动形

127

象性,采用了可视化的结果呈现方式,既可显示高炮系统性能评估的结果,也可显示各单元模块生成的数据。

(4)仿真平台具有良好的人机交互界面,算法有效、可靠,且易于扩展。

6.2 效能仿真平台

根据仿真平台总体设计思想,其具体开发过程由:数学模型建模和模块接口开发两部分组成。数学模型建模是指各模块所采用的数学物理模型的设计以及仿真程序的编程实现,如卡尔曼滤波模型及算法等;模块接口开发是各模块功能在 Simulink 中的具体实现方法,主要是指界面开发,如数据存储与读取方法等。

6.2.1 数学模型建模

经过统计,该仿真平台一共包括的数学模型及算法有计算机航路生成模型、坐标系变换模型、雷达观测模型、集火射击火控系统模型(包括集火射击高炮火控系统跟踪滤波算法、集火射击提前点计算模型和集火射击诸元计算模型)、自适应射击窗火控系统模型(包括自适应射击窗火控系统跟踪滤波算法、目标运动模式识别与机动幅度估计模型、自适应射击窗提前点计算模型、自适应射击窗技术参数计算模型和射击诸元计算模型)、高炮火力系统模型(包括射击诸元误差叠加模型和弹道外推算法)、高炮射击命中毁伤模型(包括高炮射击命中检测模型和高炮射击毁伤模型)以及毁歼概率数据处理分析方法。

以上数学模型及算法中,大部分来源于已有文献,不再赘述,下面重点分析高炮射击毁伤模型和毁歼概率数据处理分析方法。

1. 高炮射击毁伤模型

高炮射击毁伤模型通常采用公式:

$$P = 1 - (1 - 1/w)^m \tag{6-1}$$

式中:m 表示命中弹丸数;w 表示毁歼目标所需平均命中弹丸数;P 表示毁歼概率。

在实际使用中发现,当 $w=1$ 时,公式存在误差,故本书选用式(6-2),n 表示总发射弹丸数。

$$P = 1 - (1 - (m/n)/w)^n \tag{6-2}$$

下面通过仿真的方法,分析比较式(6-1)与式(6-2)的差异。

仿真一:$w=5, n/m=5$,分析 P 随 n 的变化规律。
仿真二:$w=5, m=15$,分析 P 随 n 的变化规律。
仿真三:$n=15, m=3$,分析 P 随 w 的变化规律。

仿真结果如图6-3所示,图(a)、(b)对应仿真条件一,图(c)、(d)对应仿真条件二,图(e)、(f)对应仿真条件三。

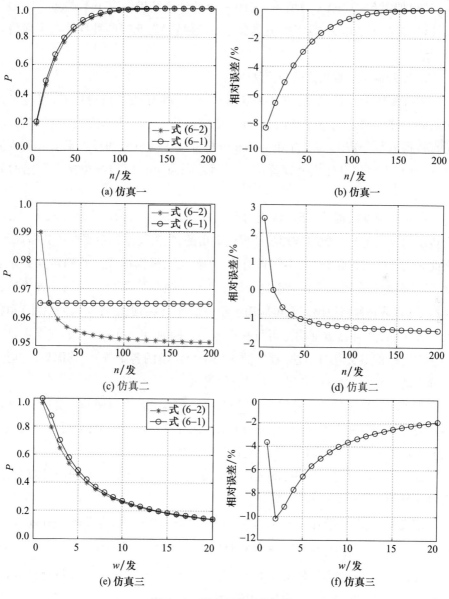

图6-3 毁歼概率变化规律

结果分析：

(1) 如图6-3(a)、(b)所示，式(6-2)的计算结果一直小于式(6-1)的计算结果，但随着n的增大，两者差别越来越小，当$n\to\infty$时，两者差别为零。

(2) 如图6-3(c)、(d)所示，当$m=n$时，式(6-1)和式(6-2)计算结果一致，m越接近n，两者差别越小，当$n\to\infty$时，两者相对误差近似为-1.5%。

(3) 如图6-3(e)、(f)所示，式(6-2)的计算结果一直小于式(6-1)的计算结果，随着w的增大，两者差值越来越小，这是因为此时两种计算结果均趋于零所致。

2. 毁歼概率数据处理分析方法

进行蒙特卡罗仿真时，仿真次数越多越好，越有利于找到真值，但是仿真次数的具体值缺乏定量的结论。为此，借鉴试验中小样本数据的处理方法，对仿真数据进行处理。本书将Bootstrap分析方法中的重复抽样思想引入灰色估计理论中，提出仿真数据处理算法。下面首先简单介绍传统小样本数据的处理方法。

在对小样本数据处理时，传统的参数估计方法的可信度有所下降[9-11]，因为传统的方法是基于概率数理统计理论提出的，它需要已知数据样本分布规律。而此时已知的仅仅是样本，不知道总体，并且无法根据以往经验确定其分布规律，不合理的分布规律假设会引进误差。利用灰色相关理论[12-19]对小样本数据进行处理，是一种新思路。它可应用于参数估计（包括点估计与区间估计）和粗大误差剔除，并且已被证明是可行和有效的。同时，Bootstrap方法[20-24]也是一种非常有效的参数估计方法，被广泛应用于统计学的各个领域，其优势是：通过对样本的重复抽样处理，获得了大量有效信息。

本书所提算法的基本思想是：首先对原始样本进行有放回的重复抽样，并进行相应处理得到一个新样本；其次基于灰生成计算灰色估计值；最后基于灰色距离测度计算方法，求出满足一定灰色置信度的灰色置信区间。

目前可查的参考文献中，灰色距离测度$dr(x_0,\bar{x})$有三种不同的计算方法，分别介绍如下（定义2—定义4）。

定义1[17]：对于数据$Y=\{y_1,y_2,\cdots,y_n\}$，对任一数据y_0，定义$\infty-\text{norm}$：

$$\|d(y,y_0)\|_\infty = \max_k\{|y(k)-y_0|, k=1,2,\cdots,n\} \tag{6-3}$$

定义2[17]：通过已知数据样本$Y=\{y_1,y_2,\cdots,y_n\}$对一参数x_0进行估计，数据样本y_i与被估计参数x_0的灰色距离测度$dr(x_0,y_i)$计算公式为

$$\mathrm{dr}(x_0, y_i) = \xi \parallel d(y, x_0) \parallel_\infty / (|x_0 - y_i| + \xi \parallel d(y, x_0) \parallel_\infty) \quad (6-4)$$

式中:$\xi \in (0 \ \ 1]$ 为分辨系数,本书取 $\xi = 0.5$[17]。

定义 3[18]:通过已知数据样本 $Y = \{y_1, y_2, \cdots, y_n\}$ 对一参数 x_0 进行估计,数据样本 y_i 与被估计参数 x_0 的灰色距离测度 $\mathrm{dr}(x_0, y_i)$ 计算公式为

$$\mathrm{dr}(x_0, y_i) = \xi \cdot |\max_j(y_j) - \min_j(y_j)| / (|x_0 - y_i| + \xi |\max_j(y_j) - \min_j(y_j)|)$$

$$(6-5)$$

$|\max_j(y_j) - \min_j(y_j)|$ 反映了样本集的拓扑性,$|x_0 - y_i|$ 反映了 x_0 与样本点的距离关系。

定义 4[19]:已知样本 $Y = \{y_1, y_2, \cdots, y_n\}$,样本点 y_i 对样本点 y_j 的灰色距离测度公式为

$$\mathrm{dr}(y_i, y_j) = \xi \cdot \parallel d(y, y_j) \parallel_\infty / (|y_i - y_j| + \xi \parallel d(y, y_j) \parallel_\infty) \quad (6-6)$$

式中:$\parallel d(y, y_j) \parallel_\infty$ 是 y_j 与样本中除 y_i 外其他各点距离的最大者。

定义 5[18]:对于给定的测试数据空间 $Y = \{y_1, y_2, \cdots, y_n\}$,估计值 $\bar{y}$ 的灰色关联熵 Sh 计算公式为 $\mathrm{Sh} = \sum_{i=1}^{n} \omega_i \cdot \mathrm{dr}(\bar{y}, y_i)$,则存在一 $\bar{y}$ 的灰色关联熵 Sh 取到最大值,定义 $\bar{y}$ 为灰色关联估计值。

所提算法的具体实现步骤如下。

步骤 1:在原始样本数据的范围内作有放回的重复抽样,样本点含量个数不变,称为 Bootstrap 样本。

步骤 2:重复抽样 m 次,得到 m 个 Bootstrap 样本。

步骤 3:对每个 Bootstrap 样本取均值,将 m 个样本均值组成新样本 X,记为 $X = \{x_1, x_2, x_3, \cdots, x_m\}$。

步骤 4:计算各样本点 $x_i, i = 1, 2, \cdots, m$ 对整个样本空间的灰色距离测度 $J_i, i = 1, 2, \cdots, m$:

$$J_i = \frac{1}{m} \left(\sum_{j=1}^{m} \mathrm{dr}(x_i, x_j) \right) \quad (6-7)$$

步骤 5:对灰色距离测度集 $J_i, i = 1, 2, \cdots, m$ 进行归一化处理,得到样本点 x_i 在灰色估计值 $\bar{x}$ 中所占的比重 $\omega_i, \omega_i \geq 0$ 并且 $\sum_{m}^{m} \omega_m = 1$,其计算公式为

$$\omega_i = J_i / \sum_{j=1}^{m} J_i \quad (6-8)$$

步骤 6:计算灰色估计值 $\bar{x}$:

$$\bar{x} = \sum_{i=1}^{m} \omega_i \cdot x_i \qquad (6-9)$$

步骤7：将灰色估计值 $\bar{x}$ 添加到样本 $X = \{x_1, x_2, \cdots, x_m\}$ 中，得到一个新样本 $X' = \{x_1, \cdots, \bar{x}, \cdots, x_m\}$，它包含样本点 $\bar{x}$，用于计算与 $\bar{x}$ 有关的灰色距离测度值。

步骤8：把 $\bar{x}$ 与被估计参数 x_0 之间的灰色距离测度 $\mathrm{dr}(x_0, \bar{x})$ 定义为灰色置信度；设置一个置信度 α，满足 $\mathrm{dr}(x_0, \bar{x}) \geq \alpha$ 的 x_0 的取值区间 $[x_{01}\ x_{02}]$，称为满足灰色置信度 α 的估计参数灰色置信区间。

参考文献[17]给出的 α 取值范围是 $1/3 \leq \alpha \leq 1$。而当 $\alpha = 1$ 时，区间估计退化为点估计；当 $\alpha = 1/3$ 时，根据参考文献[17]中的定义4无法计算满足灰色置信度 α 的灰色置信区间，故文中认为 $\alpha \in (1/3\ 1)$。

分别将这三种灰色距离测度计算方法应用到所提算法中。为书写方便，将所提算法按照由式(6-4)、式(6-5)和式(6-6)计算灰色测度距离的不同，依次记为方法一、方法二和方法三。

对 $\mathrm{dr}(x_0, \bar{x}) \geq \alpha$ 化简可得

$$\begin{cases} x_{01}^1 = (2\alpha \cdot \bar{x} - (1-\alpha) \cdot \max(X'))/(3\alpha - 1) \\ x_{02}^1 = (2\alpha \cdot \bar{x} + (1-\alpha) \cdot \min(X'))/(3\alpha - 1) \end{cases} \qquad (6-10)$$

$$\begin{cases} x_{01}^2 = (\alpha \cdot \bar{x} - 0.5(1-\alpha) \cdot (\max(X') - \min(X')))/\alpha \\ x_{02}^2 = (\alpha \cdot \bar{x} + 0.5(1-\alpha) \cdot (\max(X') - \min(X')))/\alpha \end{cases} \qquad (6-11)$$

$$\begin{cases} x_{01}^3 = (\alpha \cdot \bar{x} - 0.5(1-\alpha) \cdot \max(\mathrm{abs}(\bar{x} - X')))/\alpha \\ x_{02}^3 = (\alpha \cdot \bar{x} + 0.5(1-\alpha) \cdot \max(\mathrm{abs}(\bar{x} - X')))/\alpha \end{cases} \qquad (6-12)$$

1) $\bar{x}$ 大小不一致

因为此时各式中的 $\bar{x}$ 不同（由 ω_i 不同造成的），故无法直接比较上述三式的大小，但可通过仿真的方法分析所提算法是否有效。

对于三个不同灰色置信区间 $[x_{01}^j\ x_{02}^j], j=1,2,3$。选择区间位置和区间宽度两个指标，区间位置由区间的上下界 $x_{0i}^j, i=1,2; j=1,2,3$ 表征；区间宽度 $x_j = x_{02}^j - x_{01}^j, j=1,2,3$ 定义为区间的上下界之差。约定两个区间 A, B，区间 A 优于区间 B 的充要条件是 $A \subset B$；在相同的灰色置信度下，置信区间宽度越窄越好。

仿真一：

用参考文献[17]中例1，$m=100$。

仿真结果如表6-1所示。

表6-1 不同方法的仿真结果

方法类型	灰色估计值	置信区间	区间宽度
参考文献[17]方法	50.3826	[50.150　50.678]	0.528
参考文献[18]方法	50.500	[50.050　50.950]	0.900
方法一	50.378	[50.273　50.500]	0.227
方法二	50.376	[50.198　50.554]	0.356
方法三	50.375	[50.280　50.471]	0.191

结果分析：

(1) 从置信区间位置来看，三种方法的置信区间均包含于参考文献[17]和参考文献[18]得到的区间内。这说明，三种方法优于原方法；从区间宽度来看，三种方法区间宽度均比参考文献中区间要窄。这也说明，三种方法优于原方法，这主要得益于对原始数据样本的抽样处理，故所提算法是可行和有效的。

(2) 只比较提出的三种算法，从置信区间位置和区间宽度来看，方法三优于方法一，方法一优于方法二。

仿真二：

用参考文献[17]中例2，$m=100$。

仿真结果：

参考文献[17]方法：置信区间[38.855　40.793]，均值39.723，区间宽度1.938。

方法一：置信区间[39.350　40.419]，均值39.909，区间宽度1.069。

结果分析：方法一效果优于原方法。

仿真三：

用参考文献[18]中仿真实验2，$m=100$。

仿真结果：

参考文献[18]方法：置信区间[49.89　50.78]，均值50.30，区间宽度0.89。

方法二：置信区间[49.905　50.548]，均值50.223，区间宽度0.643。

结果分析：方法二效果优于原方法。

2) $\bar{x}$ 大小一致

因为 $\bar{x}$ 的不同(由 ω_i 不同造成的),无法从理论上直接比较式(6-10)、式(6-11)和式(6-12)的大小,故下面将所提算法中的步骤4和步骤5作进一步的改进[25],使三个公式中的 $\bar{x}$ 相等,然后以严谨的数学证明分析比较三个置信区间估计的效果。改进如下:

利用等权生成算法计算各样本点 $x_i, i=1,2,\cdots,m$ 在灰色估计值 $\bar{x}$ 中所占的比重 $\omega_i, \omega_i \geq 0$ 并且 $\sum_{i}^{m} \omega_i = 1$,其计算公式为 $\omega_i = 1/m, \forall i$。

区间位置分析:

根据 $\bar{x} = \sum_{i}^{m} \omega_i \cdot x_i = \frac{1}{m} \sum^{m} x_i$。因为 $\min(X') \leq \min(X) \leq x_i \leq \max(X) \leq \max(X')$,则有 $\min(X') \leq \bar{x} \leq \max(X')$,当且仅当 $X = \{x_1, x_2, \cdots, x_m\}$ 中各样本点 x_i 均相等时,等号成立。

步骤1:比较 $x_{0i}^2, i=1,2$ 与 $x_{0i}^3, i=1,2$ 的大小

以两个式中 x_{02}^2 与 x_{02}^3 为例:

$$x_{02}^2 = (\alpha \cdot \bar{x} + 0.5(1-\alpha) \cdot (\max(X') - \min(X')))/\alpha,$$
$$x_{02}^3 = (\alpha \cdot \bar{x} + 0.5(1-\alpha) \cdot \max(\mathrm{abs}(\bar{x} - X')))/\alpha \quad (6-13)$$

经过分析式(6-13)可知,仅通过比较 $\max(X') - \min(X')$ 与 $\max(\mathrm{abs}(\bar{x} - X'))$ 之间的大小,即可比较出 x_{02}^2 与 x_{02}^3 的大小。

根据定义,$\max(\mathrm{abs}(\bar{x} - X')) = \max(X') - \bar{x}$ 或 $\max(\mathrm{abs}(\bar{x} - X')) = \bar{x} - \min(X')$。前者表示灰色估计值离样本中最大值的距离最远,后者表示灰色估计值离样本中最小值的距离最远。根据前面分析可知:$\max(X') - \bar{x} \leq \max(X') - \min(X')$ 与 $\bar{x} - \min(X') \leq \max(X') - \min(X')$ 均成立,故有 $\max(\mathrm{abs}(\bar{x} - X')) \leq \max(X') - \min(X')$。

则可得 $x_{02}^2 \geq x_{02}^3$。同理 $x_{01}^2 \leq x_{01}^3$。

这表明,式(6-11)计算的置信区间包含式(6-12)的置信区间,则式(6-12)要优于式(6-11)。

步骤2:比较 $x_{0i}^1, i=1,2$ 与 $x_{0i}^2, i=1,2$ 的大小。

以两个公式中 x_{02}^1 与 x_{02}^2 为例:

$$x_{02}^1 = (2\alpha \cdot \bar{x} - (1-\alpha) \cdot \min(X'))/(3\alpha - 1),$$
$$x_{02}^2 = (\alpha \cdot \bar{x} + 0.5(1-\alpha) \cdot (\max(X') - \min(X')))/\alpha \quad (6-14)$$

将两者作差,并化简可得

$$x_{02}^1 - x_{02}^2 = [\alpha(1-\alpha)\bar{x} - 0.5(1-\alpha)^2\min(X') - 0.5(1-\alpha) \\ (3\alpha-1)\max(X')]/[(3\alpha-1)\alpha] \qquad (6-15)$$

令 $f = (1-\alpha)[\alpha\bar{x} - 0.5(1-\alpha)\min(X')] - 0.5(1-\alpha)(3\alpha-1)\max(X')$

因为 $(3\alpha-1)\alpha > 0$,所以只需分析 f。则有

$f \leq (1-\alpha)\alpha[\bar{x} - \min(X')], f \geq (1-\alpha)\alpha[\bar{x} - \max(X')]$。因为 $\min(X') \leq \bar{x} \leq \max(X')$,所以根据上式无法确定 f 正负号,即无法比较 x_{02}^1 与 x_{02}^2 的大小,同理,无法比较 x_{01}^1 与 x_{01}^2 的大小。

这表明无法比较式(6-10)与式(6-11)的优劣。

步骤3:比较 $x_{0i}^1, i=1,2$ 与 $x_{0i}^3, i=1,2$ 的大小。

以两个公式中 x_{02}^1 与 x_{02}^3 为例:

$$x_{02}^1 = (2\alpha \cdot \bar{x} - (1-\alpha) \cdot \min(X'))/(3\alpha-1),$$
$$x_{02}^3 = (\alpha \cdot \bar{x} + 0.5(1-\alpha) \cdot \max(abs(\bar{x}-X')))/\alpha \qquad (6-16)$$

当 $\max(abs(\bar{x}-X')) = \bar{x} - \min(X')$ 时,将两者作差,并化简可得

$$x_{02}^1 - x_{02}^3 = (\alpha-1)^2 \cdot (\bar{x} - \min(X'))/(2\alpha \cdot (3\alpha-1)) \geq 0 \qquad (6-17)$$

则 $x_{02}^1 \geq x_{02}^3$,同理,$x_{01}^1 \leq x_{01}^3$。

这表明:此种情况下,式(6-12)优于式(6-10)。

当 $\max(abs(\bar{x}-X')) = \max(X') - \bar{x}$ 时,将两者作差,并化简可得

$$x_{02}^1 - x_{02}^3 = \{(\alpha-1)[2\alpha \cdot \min(X') - (5\alpha-1)\bar{x}] + (\alpha-1) \\ (3\alpha-1)\max(X')\}/[2\alpha(3\alpha-1)] \qquad (6-18)$$

令 $g = 2\alpha \cdot \min(X') + (3\alpha-1)\max(X') - (5\alpha-1)\bar{x}$

则有 $g \leq (5\alpha-1)(\max(X') - \bar{x}), g \geq (5\alpha-1)(\min(X') - \bar{x})$。因为 $\min(X') \leq \bar{x} \leq \max(X')$,所以根据上式无法确定 g 的正负号,即无法比较 x_{02}^1 与 x_{02}^3 的大小,同理,也无法比较 x_{01}^1 与 x_{01}^3 的大小。

这表明,此种情况下,无法比较式(6-10)与式(6-12)的优劣。

综上所述,可以得到的结论是:方法三优于方法二;灰色估计值离样本中最小值的距离最远是方法三优于方法一的充分不必要条件。

区间宽度分析:

三个置信区间宽度计算公式依次为

$$x_1 = (1-\alpha) \cdot (\max(X') - \min(X'))/(3\alpha-1) \qquad (6-19)$$
$$x_2 = (1-\alpha) \cdot (\max(X') - \min(X'))/\alpha \qquad (6-20)$$

$$x_3 = (1-\alpha) \cdot \max(\mathrm{abs}(\bar{x} - X'))/\alpha \qquad (6-21)$$

步骤1:比较 x_2 与 x_3 的大小。

由前面几节的分析可知,$1-\alpha>0,\alpha>0,0\leqslant\max(\mathrm{abs}(\bar{x}-X'))\leqslant\max(X')-\min(X')$,则有 $x_3\leqslant x_2$。这表明,式(6-21)的区间宽度窄。

步骤2:比较 x_1 与 x_2 的大小。

当 $3\alpha-1>\alpha$,即 $1/2<\alpha<1$ 时,$x_1<x_2$。式(6-19)区间宽度窄;

当 $3\alpha-1<\alpha$,即 $1/3<\alpha<1/2$ 时,$x_1>x_2$。式(6-20)区间宽度窄;

当 $3\alpha-1=\alpha$,即 $\alpha=1/2$ 时,$x_1=x_2$。式(6-20)与式(6-19)区间宽度相等。

步骤3:比较 x_1 与 x_3 的大小。

$$x_1 - x_3 = \{(1-\alpha) \cdot [\alpha(\max(X') - \min(X')) - (3\alpha-1)\max(\mathrm{abs}(\bar{x} - X'))]\}/[(3\alpha-1)\alpha] \qquad (6-22)$$

令 $k=\alpha(\max(X')-\min(X'))-(3\alpha-1)\max(\mathrm{abs}(\bar{x}-X'))$,因为 $(1-\alpha)/(3\alpha-1)\alpha>0$,所以只需分析 k 的正负号即可。

当 $\max(\mathrm{abs}(\bar{x}-X'))=\max(X')-\bar{x}$ 时

$$k = (1-2\alpha)\max(X') - \alpha\min(X') - (1-3\alpha)\bar{x} \qquad (6-23)$$

若 $1-2\alpha>0$,即 $1/3<\alpha<1/2$

$$k \geqslant (1-3\alpha)(\min(X') - \bar{x}) \geqslant 0 \qquad (6-24)$$

此时,$x_1>x_3$。式(6-21)区间宽度窄。

若 $1-2\alpha<0$,即 $1/2<\alpha<1$,$k\leqslant(1-3\alpha)(\min(X')-\bar{x})$,$k\geqslant(1-3\alpha)(\max(X')-\bar{x})$,则根据上式无法确定 k 的正负号,即无法比较 x_1 与 x_3 的大小。

当 $\alpha=1/2$ 时,$k=0.5(\bar{x}-\min(X'))\geqslant 0$。

此时,$x_1>x_3$。式(6-21)区间宽度窄。

综上,$1/3<\alpha\leqslant 1/2$ 时,$x_1>x_3$。式(6-21)区间宽度窄。

当 $\max(\mathrm{abs}(\bar{x}-X'))=\bar{x}-\min(X')$ 时

$$k = \alpha\max(X') + (2\alpha-1)\min(X') - (3\alpha-1)\bar{x} \qquad (6-25)$$

若 $2\alpha-1>0$,即 $1/2<\alpha<1$,$(3\alpha-1)(\min(X')-\bar{x})\leqslant k\leqslant(3\alpha-1)(\max(X')-\bar{x})$

则根据上式无法确定 k 的正负号,即无法比较 x_1 与 x_3 的大小。

若 $2\alpha-1<0$,即 $1/3<\alpha<1/2$,$k\geqslant(3\alpha-1)(\max(X')-\bar{x})\geqslant 0$

此时,$x_1>x_3$。式(6-21)区间宽度窄。

当 $\alpha=1/2$ 时,$k=0.5(\max(X')-\bar{x})\geqslant 0$。此时,$x_1>x_3$。式(6-20)区间宽度窄。

综上,$1/3<\alpha\leqslant 1/2$ 时,$x_1>x_3$。式(6-21)区间宽度窄。

综上所述,可以得到的结论是:

当 $1/3<\alpha<1/2$ 时,方法三优于方法二,方法二优于方法一;

当 $\alpha=1/2$ 时,方法二与方法一区间宽度相等,但均不如方法三;

当 $1/2<\alpha<1$ 时,方法一和方法三均优于方法二,但无法比较方法一与方法三。

利用仿真方法,首先验证所提出的三种方法是否有效,然后对这三种方法进行性能分析,验证得到的理论分析结果是否正确。

仿真条件:原始样本来源于参考文献[17]中例1,$X=\{50.6,50.8,49.9,50.3,50.4,51.0,49.7,51.2,51.4,50.5,49.3,49.6,50.6,50.2,50.9,49.6\}$,共16个数据,重新抽样后 Bootstrap 样本个数 $m=100$,每次仿真时均重新进行抽样获得 Bootstrap 样本。

仿真一:(取灰色置信度 $\alpha=0.7$)

$\max(\mathrm{abs}(\bar{x}-X'))=\max(X')-\bar{x}=0.4118>0.2819=\bar{x}-\min(X')$

不同方法下的仿真结果($\alpha=0.7$)如表6-2所示。

表6-2 不同方法下的仿真结果($\alpha=0.7$)

方法类型	灰色估计值	置信区间	区间宽度
参考文献[17]方法	50.3826	[50.150 50.678]	0.528
参考文献[18]方法	50.500	[50.050 50.950]	0.900
方法一	50.376	[50.263 50.453]	0.190
方法二	50.376	[50.227 50.524]	0.297
方法三	50.376	[50.287 50.464]	0.177

结果分析:

(1)从置信区间位置来看,三种方法的置信区间均包含于参考文献[17]和参考文献[18]得到的区间内,这说明,三种方法优于原方法;从区间宽度来看,三种方法区间宽度均比参考文献中区间要窄,同时也说明,三种方法优于原方法。这主要得益于对原始数据样本的抽样处理。故所提算法是可行和有效的。

(2)只比较提出的三种算法,从置信区间位置来看,方法三优于方法二。方法一与方法三的置信区间不存在包含关系,故无法比较优劣;从区间宽度来看,方法二最差,方法一次之,方法三最优。这与理论分析结果是一致的。

仿真二:(取灰色置信度 $\alpha = 0.5$)

$$\max(\text{abs}(\bar{x} - X')) = \bar{x} - \min(X') = 0.4489 > 0.3324 = \max(X') - \bar{x}$$

三种方法下的仿真结果($\alpha = 0.5$)如表 6-3 所列。

表 6-3 三种方法下的仿真结果($\alpha = 0.5$)

方法类型	灰色估计值	置信区间	区间宽度
方法一	50.361	[50.029 50.810]	0.781
方法二	50.361	[49.971 50.752]	0.781
方法三	50.361	[50.137 50.586]	0.449

结果分析:

根据表 6-3 中数据,从置信区间位置来看,方法三优于方法二。同时由于满足条件 $\max(\text{abs}(\bar{x} - X')) = \bar{x} - \min(X')$,故方法三也优于方法一。方法一与方法二的置信区间不存在包含关系,故无法比较优劣;从区间宽度来分析,方法一与方法二区间宽度相等,但都不如方法三。这与理论分析结果是一致的。

仿真三:(取灰色置信度 $\alpha = 0.4$)

$$\max(\text{abs}(\bar{x} - X')) = \max(X') - \bar{x} = 0.4276 > 0.4099 = \bar{x} - \min(X')$$

三种方法下的仿真结果($\alpha = 0.4$)如表 6-4 所列。

表 6-4 三种方法下的仿真结果($\alpha = 0.4$)

方法类型	灰色估计值	置信区间	区间宽度
方法一	50.372	[49.090 51.602]	2.512
方法二	50.372	[49.744 51.001]	1.257
方法三	50.372	[50.052 50.693]	0.641

结果分析:

从表 6-4 中数据可以看出,在置信区间位置方面,方法三优于方法二。虽然不满足条件 $\max(\text{abs}(\bar{x} - X')) = \bar{x} - \min(X')$,但方法三仍优于方法一。这表明, $\max(\text{abs}(\bar{x} - X')) = \bar{x} - \min(X')$ 是方法三优于方法一的充分不必要条件;在区间宽度方面,方法三优于方法二,方法二优于方法一。这与理论分析结果是一致的。

仿真四:分析区间宽度与灰色置信度的关系。

仿真结果如图 6-4 所示。

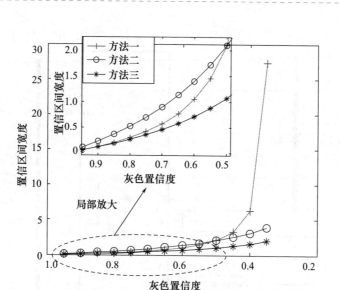

图 6-4 区间宽度与灰色置信度关系

结果分析:

从图 6-4 可以看出,灰色置信度减小,表明被估计参数值与灰色估计值在拓扑关系和距离关系上的相关性减小,因此与之相对应的三种算法的置信区间宽度都变大。同时可知,当 $\alpha > 1/2$ 时,方法二效果最差;当 $\alpha < 1/2$ 时,方法一效果最差,这与理论分析结果是一致的。

综上所述,所提出的三种方法是可行和有效的,对三种方法进行性能分析得到的理论分析结果也是正确的。

6.2.2 模块接口开发

利用 Simulink 中子系统(subsystem)模块的封装特性实现平台子系统的模块化,对外只保留输入、输出接口和人机对话框,不同模块间的信息传输通过接口间的连接关系实现。如果在具体模块搭建时,都通过根据数学模型编写 S-Function 或 Embedded MATLAB Function 实现非常麻烦,且难以理解交流。所以,应尽量采用各种模块库中的模块,除非不能满足要求时才退而求其次,以免带来不必要的错误和意外。例如图 6-5 所示的提前点解算功能模块,采用了延迟模块设计仿真步长以及采用记忆模块实现数据的存储读取。

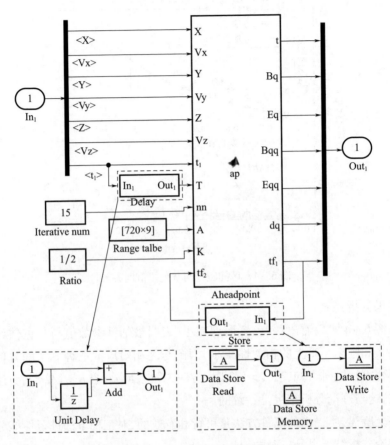

图 6-5 提前点解算功能模块

在仿真平台的搭建过程中,将重点解决以下几个典型问题。

1. 随机数设置问题

因为进行效能评估时采用的是蒙特卡罗法,故搭建仿真平台过程中涉及多种类型随机数的使用问题,共分为三种情况:每次运行时任一采样时刻点变化、仅每一采样时刻点变化(与运行次数无关)、仅每次运行时变化(与采样时刻点无关)。

对第一种情况,需要通过 S – Function 编程实现。对第二种情况,需要通过 Embedded MATLAB Function 编程实现;在这两种情况中,编程的语言一样,只是其载体不同而已。对第三种情况,需要综合运用 S – Function 和 Embedded MAT-LAB Function 编程实现,其原理是先用 S – Function 实现随机数的每次运行时变化,然后再用 Embedded MATLAB Function 和记忆模块编程实现,方法是:在当次运行中各采样时刻点都选择第一个采样时刻点生成的随机数值,第三种随机数的生成如图 6-6 所示。

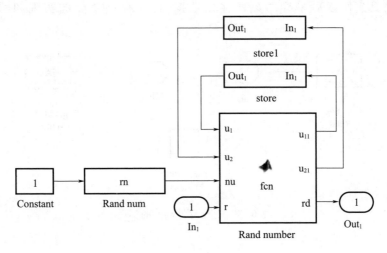

图 6-6　随机数的生成

2. 仿真步长计算问题

仿真平台的多个模块单元都要用到仿真步长参数,若每一次都通过人机对话框输入,则十分烦琐且容易出错。解决方法是通过 Unit Delay 和 Add 模块根据仿真时间的变化计算相邻两次采样时刻点的时间间隔,此间隔即为仿真步长,其实现过程如图 6-7 所示。

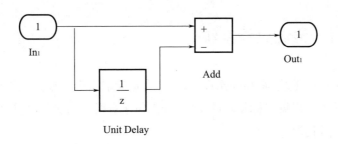

图 6-7　仿真步长的计算

3. 非同一采样时刻数据读取问题

高炮火控系统解相遇方程组时,为提高迭代速度,通常令射弹飞行时间初值 $t_{f0}(k)$ 等于上一时刻解出的射弹飞行时间 $t_f(k-1)$;目前仿真平台统计的是提前点时刻的毁伤效能,这就需要获取与此提前点相对应的现在点时刻射击诸元数据。以上两种情况的实现需要解决非同一采样时刻数据的读取问题。解决方法是采用记忆存储模块记录并存储当前采样时刻生成的相关数据,然后将其当作以后采样时刻的输入数据,记忆存储功能的实现如图6-8所示。

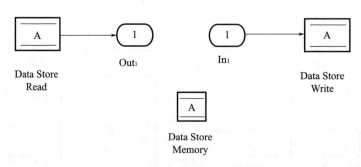

图6-8　记忆存储功能的实现

6.3　高炮系统毁伤效能评估

利用前面构建的仿真平台,对某型高炮武器系统进行仿真,验证平台的实用性。并评估其分别采用自适应射击窗火控方式或集火射击方式的毁伤效能,为这两种火控技术的合理运用提供依据。下面分传统火控系统和分布式火控系统两大类进行仿真分析。

6.3.1　传统火控系统

对传统火控系统,在相同条件下,评估自适应射击窗火控方式与集火射击方式的毁伤效能。根据目标航路的不同,分为匀速直线运动航路、蛇形机动航路和混合航路三种情况。

6.3.1.1　匀速直线运动航路

自适应射击窗和集火射击对匀速直线运动航路毁伤效能评估系统主界面如图6-9所示。仿真时对过程噪声取两种情况,即过程噪声均方差较小或过程噪声均方差较大。

第6章 自适应射击窗火控毁伤效能评估

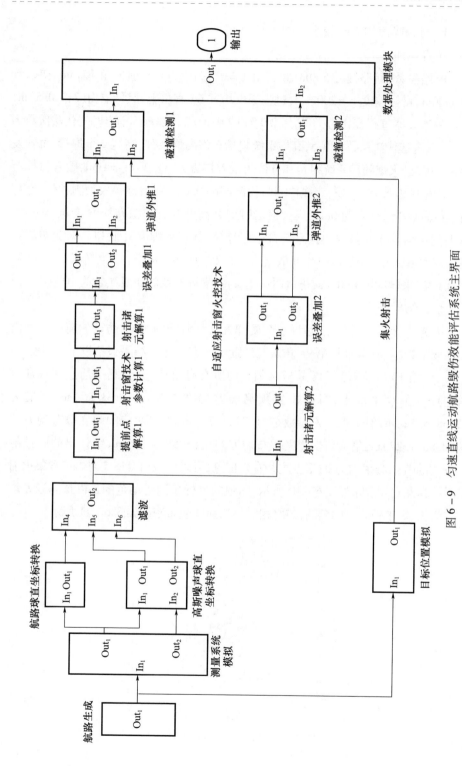

图6-9 匀速直线运动航路毁伤效能评估系统主界面

143

1. 过程噪声均方差较小

仿真条件：

航路参数：航路捷径500m，倾斜角$\lambda=0°$，高度100m，航向角400mil，初始航程6000m，目标速度$V=200$m/s，过程噪声均方差（直角坐标系）取为(2,2,0.5)m，卡尔曼滤波器过程噪声方差阵为[２００；０２０；００２]，解算提前点时迭代法次数为15次，改进迭代法系数为0.5，高炮系统包括6门高炮，每门高炮2个炮管，每管发射8发弹丸，火炮随动系统射角和方位角误差均方差$\sigma_{p\varphi}=\sigma_{p\beta}=1$mil，毁歼目标所需平均命中弹数$w=2$发，碰撞检测时检测间隔0.0005s，目标等效为圆柱体，底部圆半径为0.3m，长度为6m。集火射击时弹丸高低和方向散布均方差$\sigma_N=\sigma_Z=1$mil；射击窗技术参数由火控系统自适应计算，其点射弹丸高低和方向散布均方差与技术参数相匹配，窗内弹丸散布中心个数为6个，每个弹丸散布中心射弹数$n=16$发，采样间隔是0.2s，仿真时间为24s，蒙特卡罗的仿真次数为10次。

仿真结果：

因为统计的是提前点毁歼概率，受弹丸飞行时间的影响，仿真的前段时间内毁歼概率为零，故本书从第9s开始统计毁歼概率。仿真结果包括以下4部分：

（1）第10次仿真第21s采样时刻点的所有有效信息（包括提前点和现在点信息）为：在Q平面上，目标位置预测误差均方差为(4.26,3.36)m，真值为(3.68,5.52)m，射击窗技术参数是(1.24,1.79)m，与之对应的弹丸散布均方差是(0.88,1.27)m，集火射击弹丸散布均方差是(1.99,1.99)m，统计出的两种射击方式的毁歼概率均为0；根据这些有效信息，可以模拟出自适应射击窗和集火射击时的弹丸实际散布如图6-10所示，图中的目标预测运动范围是以预测误差均方差为长、短半轴画出的椭圆，与之相对应的弹丸散布密度如图6-11所示。

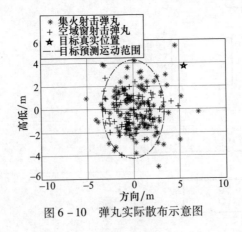

图6-10 弹丸实际散布示意图

第6章 自适应射击窗火控毁伤效能评估

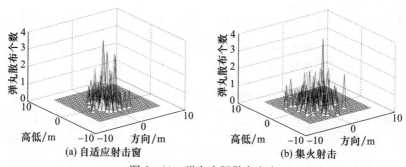

图6-11 弹丸实际散布密度

(2)第9、10次射击窗技术参数的变化规律如图6-12所示,图(a)表示两次仿真射击窗技术参数曲线,图(b)是两次仿真两个轴各自的相对误差曲线。

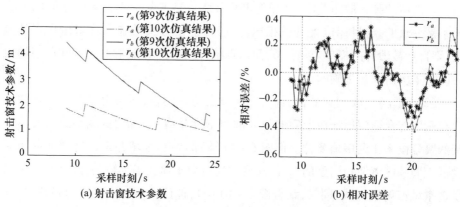

图6-12 射击窗技术参数

(3)对10次毁歼概率仿真结果采用等权生成算法计算其估计值。自适应射击窗和集火射击的毁歼概率如图6-13所示,它们的航路均值分别为0.3938与0.3973,前者与后者的相对误差为0.88%。

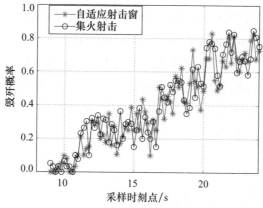

图6-13 自适应射击窗和集火射击的毁歼概率

145

(4)对第 21s 采样时刻点的 10 次毁歼概率仿真结果,进行基于 Bootstrap 和灰色距离测度的仿真数据处理(重抽样后样本个数 100,灰色置信度 0.7),仿真结果如表 6-5 所列(选择三种算法中最好的一组结果)。

表 6-5 两种射击方式下的仿真结果

射击方式	灰色估计值	置信区间	区间宽度
自适应射击窗	0.4800	[0.4320 0.5281]	0.0961
集火射击	0.5804	[0.5340 0.6268]	0.0928

结果分析:

(1)从图 6-10 可以看出,本次射击中集火射击的弹丸散布范围要大于自适应射击窗的弹丸散布范围,这和射击窗技术参数与集火射击参数之间的大小关系是一致的;与目标位置真值相比较,两种射击方式的弹丸均未出现在其周围,则目标被毁歼的概率应该为 0,而仿真统计出的两种射击方式毁歼概率均为 0,说明本次仿真是正确的。

(2)从图 6-11 可以看出,针对一次射击仿真而言,所发射弹丸的实际弹丸散布密度与自适应射击窗期望的弹丸散布密度是有差异的,这就导致了实际得到的毁歼概率比期望值要低。但图 6-11(a)的中心区域并未出现弹丸散布密度低于周围区域散布密度的情况,这说明通过射击窗技术参数的合理设置,可以实现空域窗射击方式;同时,结合图 6-10 中目标位置可知,一次仿真的随机性和偶然性太大,必须进行多次仿真,根据其统计规律才能得到真实的结果。

(3)根据图 6-12(a)可以看出,两次仿真得到的射击窗技术参数,无论是 r_a 还是 r_b,都相差无几,其相对误差最大值均不超过 0.5%,即多次仿真仅改变随机数大小时,射击窗技术参数变化很小,这说明单次仿真具有很好的稳健性。

(4)自适应射击窗全航路的毁歼概率均值略微小于集火射击,除了去因仿真次数不足导致的随机因素,还有一个可能的原因是在某些采样时刻点计算的射击窗技术参数偏小,使其有效弹丸散布范围小于集火射击有效散布范围。对第 21s 采样时刻点的 10 次毁歼概率结果采用所提出的仿真数据处理方法进行处理,结果见表 6-5,在此采样时刻点,自适应射击窗毁歼概率要小于集火射击毁歼概率,这与图 6-13 相匹配。

2. 过程噪声均方差较大

仿真条件:

过程噪声均方差(直角坐标系)取为 (4,4,1)m,其余同 1。

仿真结果:

(1)第 10 次仿真第 21s 采样时刻点的所有有效信息(包括提前点和现在点信息)为:在 Q 平面上,目标位置预测误差均方差为 $(4.28,3.40)$ m,真值为 $(3.28,3.70)$ m,射击窗技术参数是 $(1.24,1.79)$ m,与之对应的弹丸散布均方差是 $(0.88,1.27)$ m,集火射击弹丸散布均方差是 $(1.99,1.99)$ m,统计出的两种射击方式的毁歼概率分别为 0.5 和 0.75;根据这些有效信息,可以模拟出自适应射击窗和集火射击时的弹丸实际散布如图 6-14 所示,图中的目标预测运动范围是以预测误差均方差为长、短半轴画出的椭圆,与之相对应的弹丸散布密度如图 6-15 所示。

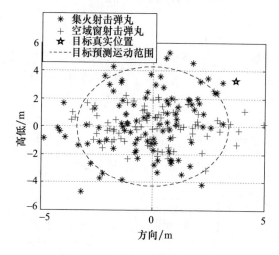

图 6-14 弹丸实际散布示意图

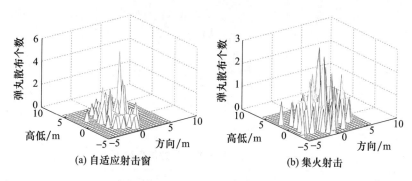

图 6-15 弹丸实际散布密度

(2)第 9、10 次射击窗技术参数的变化规律如图 6-16 所示,图(a)表示两次仿真射击窗技术参数曲线,图(b)是两次仿真两个轴各自的相对误差曲线。

（3）对第 10 次仿真结果采用等权生成法计算估计值。自适应射击窗和集火射击的毁歼概率如图 6-17 所示，它们的航路均值分别为 0.2264 与 0.2253，前者与后者的相对误差为 0.49%。

（4）对第 21s 采样时刻点的 10 次毁歼概率仿真结果，进行基于 Bootstrap 和灰色距离测度的仿真数据处理（重抽样后样本个数 100，灰色置信度 0.7），仿真结果如表 6-6 所示（选择三种算法中最好的一组结果）。

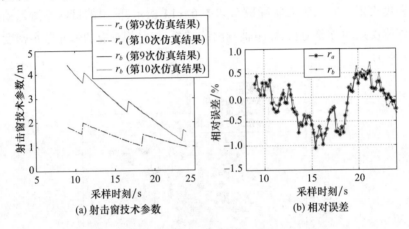

图 6-16 射击窗技术参数

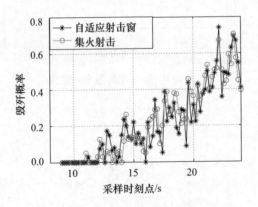

图 6-17 毁歼概率

表 6-6 两种射击方式下的仿真结果

射击方式	灰色估计值	置信区间	区间宽度
自适应射击窗	0.4011	[0.3380　0.4641]	0.1261
集火射击	0.4757	[0.4059　0.5455]	0.1396

结果分析：

(1) 从图 6-14 可以看出，本次射击中集火射击的弹丸散布范围要大于自适应射击窗的弹丸散布范围，这和射击窗技术参数与集火射击参数之间的大小关系是一致的；与目标位置真值相比较，两种射击方式均有弹丸出现在其周围，并且出现的集火射击弹丸多于自适应射击窗弹丸，故前者毁歼概率应该大于后者，而仿真统计出的前者毁歼概率为 0.75，后者为 0.5，说明本次仿真是正确的。

(2) 从图 6-15 同样可以看出，针对一次射击仿真而言，所发射弹丸的实际弹丸散布密度与自适应射击窗期望的弹丸散布密度是有差异的，这就导致了实际得到的毁歼概率比期望值要低。但图 6-15(a) 的中心区域并未出现弹丸散布密度低于周围区域散布密度的情况，这说明通过射击窗技术参数的合理设置，可以实现空域窗射击方式；同时，结合图 6-14 中目标位置可知，一次仿真的随机性和偶然性太大，必须进行多次仿真，根据其统计规律才能得到真实的结果。

(3) 根据图 6-16(a) 可以看出，两次仿真得到的射击窗技术参数，无论是 r_a 还是 r_b，都相差无几，其相对误差最大值均不超过 1.2%，即多次仿真仅改变随机数大小时，射击窗技术参数变化很小，这说明单次仿真具有很好的稳健性。

(4) 全航路毁歼概率均值自适应射击窗略微大于集火射击。对第 21s 采样时刻点的 10 次毁歼概率结果采用所提出的仿真数据处理方法进行处理，结果见表 6-6，在此采样时刻点，自适应射击窗毁歼概率要小于集火射击毁歼概率，这与图 6-16 匹配。

(5) 比较图 6-13 和图 6-17 可以看出，随着过程噪声均方差的变大，全航路各点的毁歼概率会下降，其全航路均值也要减小。这是因为目标过程噪声的变大，降低了目标滤波精度，增大了高炮系统的射击误差。同时可以看出，在匀速直线运动航路条件下，两种射击方式的效果差不多。

6.3.1.2 蛇形机动航路

对蛇形机动航路，分为蛇形机动幅度较小与蛇形机动幅度较大两种情况。

1. 蛇形机动幅度较小

自适应射击窗和集火射击对蛇形机动航路毁伤效能评估系统主界面如图 6-18 所示。与图 6-9 所示的评估系统相比，增加了蛇形机动幅度估计模块，其功能是估计蛇形机动幅度。

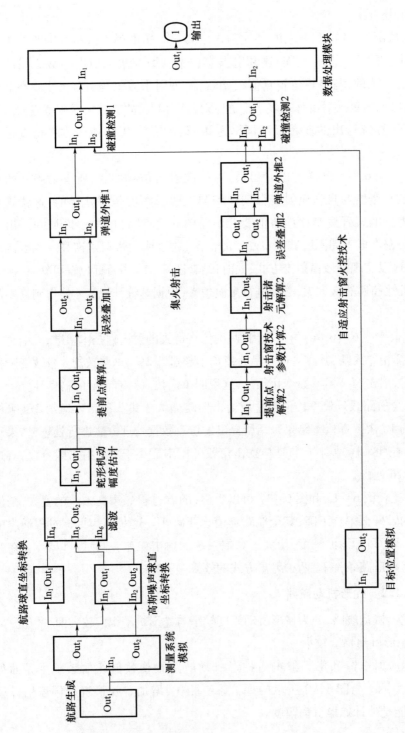

图 6-18 蛇形机动幅度较小航路毁伤效能评估系统主界面

仿真条件：

航路参数：航路捷径500m，倾斜角 $\lambda=0°$，高度100m，航向角400mil，初始航程6000m，目标速度 $V=200$m/s，目标做横向蛇行机动，其机动幅度真值为 r，周期为4s；过程噪声均方差（直角坐标系）取为(2,2,0.5)m，卡尔曼滤波器过程噪声方差阵为[2 0 0;0 2 0;0 0 2]，解算提前点时迭代法次数为15次，改进迭代法系数为0.5，高炮系统包括6门高炮，每门高炮2个炮管，火炮随动系统射角和方位角误差均方差 $\sigma_{p\varphi}=\sigma_{p\beta}=1$mil，毁歼目标所需平均命中弹数 $w=2$ 发，碰撞检测时检测间隔0.0005s，目标等效为圆柱体，底部圆半径为0.3m，长度为6m。集火射击时弹丸高低和方向散布均方差 $\sigma_N=\sigma_z=1$mil；射击窗技术参数由火控系统自适应计算，其点射弹丸高低和方向散布均方差与技术参数相匹配，窗内弹丸散布中心个数为6个，每个弹丸散布中心射弹数为 n，采样间隔是0.2s，仿真时间为24s，蒙特卡罗的仿真次数为10次。

仿真结果：

（1）当 $n=16$，$r=15$m 计算射击窗技术参数时分为两种情况：一种是直接采用机动幅度估计值 $r'=16.67$m，另一种是采用等价机动幅度值 $\Delta r=10.44$m。集火射击和两种自适应射击窗技术的毁歼概率如图6-19所示，自适应射击窗1是指采用 Δr 的射击方式，自适应射击窗2是指采用 r' 的射击方式，其全航路毁歼概率均值分别为0.1608,0.1953,0.1759。两种自适应射击窗方式的毁歼概率分别比集火射击提高了21.46%与9.39%。

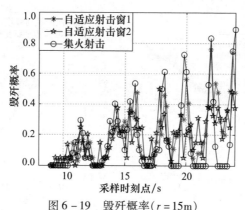

图6-19 毁歼概率($r=15$m)

（2）当 $n=16$，$r=40$m，采用等价机动幅度 $\Delta r=27.35$m 计算射击窗技术参数，此时，自适应射击窗和集火射击的毁歼概率如图6-20(a)所示，它们的全航路毁歼概率均值分别为0.0843与0.0613，前者比后者提高约37.43%。

当 $n=24$，$r=40$m，分别采用等价机动幅度 $\Delta r=27.35$m 和机动幅度估计值 $r'=42.03$m 计算射击窗技术参数，并记为自适应射击窗1和自适应射击窗2，其毁歼概率如图 6-20(b)所示,它们的全航路毁歼概率均值分别为 0.1488, 0.1012,0.0856,自适应射击窗 1 和自适应射击窗 2 的毁歼概率分别比集火射击提高了 73.86% 与 18.21%;弹丸数从 $n=16$ 增加到 $n=24$ 后,自适应射击窗 1 和集火射击的毁歼概率分别提高了 76.56% 与 39.57%。

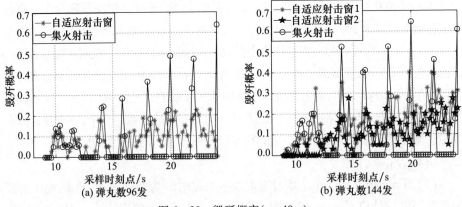

图 6-20 毁歼概率($r=40$m)

(3)当 $r=15$m 或 $r=40$m 时,目标在横向即 Y 轴上的航路如图 6-21(a)所示,对应的两条最小二次拟合直线方程分别为 $y_1(t)=81.2t-1992.4$ 和 $y_2(t)=80.6t-1983.1$,将原航路上各点与拟合直线上对应点值作差,得到两条蛇形机动航路,如图 6-21(b)所示。

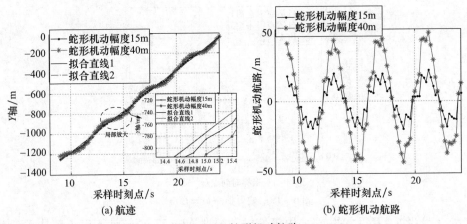

图 6-21 蛇形机动航路

(4)当 $r=15$m 时,选择对其估计值分别为 17.48m 与 17.66m 的两次仿真,自适应射击窗的技术参数变化规律如图 6-22 所示;当 $r=40$m 时,选择对其估计值分别为 26.71m 与 26.87m 的两次仿真,自适应射击窗的技术参数变化规律如图 6-23 所示。

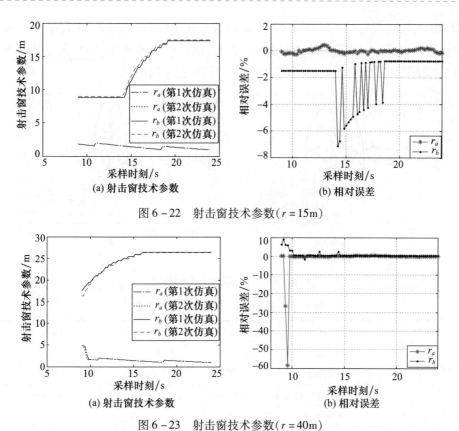

图 6-22 射击窗技术参数($r=15m$)

图 6-23 射击窗技术参数($r=40m$)

(5)对第10次仿真第21s采样时刻点,其弹丸散布与目标位置信息如下:

当 $n=16, r=15m$ 时,所有有效信息(包括提前点和现在点信息)为:机动幅度估计值17.66m,在 Q 平面上,目标位置预测误差均方差为$(4.38,16.86)$m,真值为$(0.58,13.69)$m,射击窗技术参数是$(1.24,17.49)$m,与之对应的弹丸散布均方差是$(0.88,12.37)$m,集火射击弹丸散布均方差是$(1.99,1.99)$m,统计出的两种射击方式的毁歼概率分别为0.29和0。

当 $n=24, r=40m$ 时,所有有效信息(包括提前点和现在点信息)为:机动幅度估计值41.38m,在 Q 平面上,目标位置预测误差均方差为$(4.58,40.30)$m,真值为$(2.63,39.88)$m,射击窗技术参数是$(1.24,41.26)$m,与之对应的弹丸散布均方差是$(0.88,29.18)$m,集火射击弹丸散布均方差是$(1.99,1.99)$m,统计出的两种射击方式的毁歼概率分别为0.29和0。根据这些有效信息,可以模拟出自适应射击窗和集火射击时的弹丸实际散布如图6-24所示,图中的目标预测运动范围是以预测误差均方差为长、短半轴画出的椭圆。

(6)对第21s采样时刻点的10次毁歼概率(分别对应 $n=16, r=15m, r'=$

16.67m 与 $n=24, r=40\text{m}, r'=42.03\text{m}$ 两种仿真条件)仿真结果,进行基于 Bootstrap 和灰色距离测度的仿真数据处理(重抽样后样本个数 100,灰色置信度 0.7),结果如表 6-7 所列(选择三种算法中最好的一组结果)。

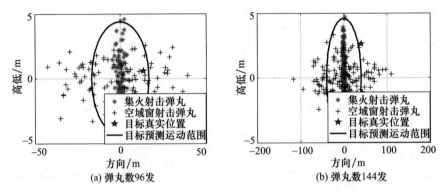

图 6-24 弹丸实际散布示意图

表 6-7 两种射击方式下的仿真结果

机动幅度/m	射击方式	灰色估计值	置信区间	区间宽度
15	自适应射击窗	0.3129	[0.2816 0.3441]	0.0625
	集火射击	0	[0 0]	0
40	自适应射击窗	0.1609	[0.1229 0.1988]	0.0759
	集火射击	0	[0 0]	0

结果分析:

(1) 当 $n=16, r=15\text{m}$ 时,两种自适应射击窗方式的全航路毁歼概率均值都大于集火射击,见图 6-19,集火射击在很多时刻毁歼概率为零,这样为保证一定的毁歼概率,集火射击的有效射击时间变得很短,所以从这两方面考虑,自适应射击窗优于集火射击。自适应射击窗 1 和自适应射击窗 2 相比较而言,后者的全航路毁歼概率抖动要小于前者,但其毁歼概率均值要小于前者,这是因为当目标机动幅度真值本身较小时,根据等价机动幅度 Δr 计算的射击窗技术参数偏小,若目标位于蛇形机动峰值时刻,则毁歼概率变得很低,所以抖动要大一些,但同时它也会提高其他时刻的毁歼概率,所以其毁歼概率均值要大。

(2) 当蛇形机动幅度 $n=16, r=40\text{m}$ 时,自适应射击窗方式要优于集火射击,主要表现在以下两方面:一是前者的全航路毁歼概率均值比后者要大,二是后者全航路毁歼概率抖动比较大,这样其有效射击时间要少于前者,见图 6-20(a);当弹丸数增大到 $n=24$ 时,自适应射击窗和集火射击的毁歼概率都变大了,但很明显的是前者提高幅度为 76.56% 远大于后者的 39.57%,使得自适应射击窗比集火射击毁歼概率的提高程度从 37.43% 增加到 73.86%，这说明火力密度大的情况下，自适应射击窗方式的优势更加明显；并且根据机动幅度估计值 $r'=42.03\mathrm{m}$ 计算射击窗技术参数的自适应射击窗 2 也要优于集火射击（提高幅度为 18.21%）。比较自适应射击窗 1 和自适应射击窗 2 可以看出，后者要差于前者，主要体现在全航路毁歼概率均值上，这是因为未采用等价机动幅度计算的射击窗技术参数偏大，使其在某些时刻点毁歼概率下降，这也正是本书提出等价机动幅度概念的原因。

（3）分析图 6-21（b）蛇形机动航路的特点可知，当目标处于蛇形机动航路峰值周围时刻时，如 13，15，17 时刻，高炮射击的毁歼概率会出现下降的现象，而图 6-19 和图 6-20 中也正出现了此现象，这说明两个图是正确的。

（4）当 $r=15\mathrm{m}$ 时，两次仿真得到的 r_a 相差很小，当就 r_b 而言，除去个别点略微偏大外，其他点保持在 1% 左右，造成这种现象的原因在于两次仿真时估计出的蛇形机动幅度不一致，此时两个机动幅度估计值相差 $(17.66-17.48)/17.66\times100\%\approx1.02\%$，而 r_b 的大小是与蛇形机动幅度密切相关的，故使其相差 1% 左右，除去这个因素外，射击窗技术参数的变化很小，可以忽略，这说明了单次仿真具有很好的稳健性。

当 $r=40\mathrm{m}$ 时，两次仿真得到的 r_a 相对误差除两个点以外，其他点最大值不超过 0.5%；对 r_b 来说，除个别点外，两次仿真结果相对误差保持在 0.5% 左右，这与对其机动幅度的两个估计值的相对误差 $(26.87-26.71)/26.87\times100\%\approx0.60\%$ 差不多，原因同上。综上所述，单次仿真具有很好的稳健性。

（5）从图 6-24 可以看出，这两次射击中集火射击的弹丸散布在高低范围上要大于自适应射击窗的弹丸散布范围，但在方向范围上自适应射击窗要远大于集火射击，这和射击窗技术参数与集火射击参数之间的大小关系是一致的；与目标位置真值相比较，只有自适应射击窗方式有弹丸出现在其周围，故自适应射击窗的毁歼概率应该大于后者的零，这与实际统计结果是一致的，证明本次仿真是正确的。同时，自适应射击窗正是扩大弹丸散布范围，提高了毁歼概率，从图 6-24 可以看出，达到了预期的目标。

（6）见表 6-7，在两组仿真条件下，自适应射击窗毁歼概率均大于集火射击毁歼概率的零，这分别与图 6-19 和图 6-20（b）匹配。

2. 蛇形机动幅度较大

当估计出的蛇形机动幅度较大时，火控系统采用先校正预测提前点后射击的方式，其评估系统主界面如图 6-25 所示。与图 6-9 所示的评估系统相比，增加了蛇形机动幅度估计与类闭环校正模块，其功能是首先估计蛇形机动幅度，然后对其进行类闭环校正。

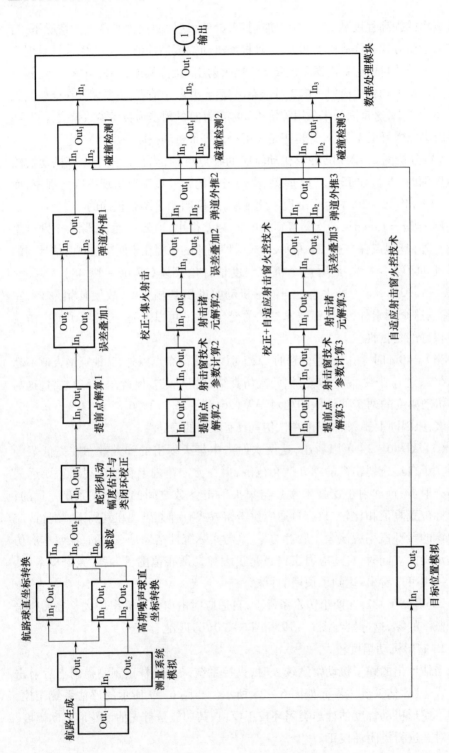

图 6-25 蛇形机动幅度较大航路毁伤效能评估系统主界面

仿真条件：

目标横向蛇行机动幅度真值 r，窗内每个弹丸散布中心射弹数为 $n=16$，其余同 1。

仿真结果：

(1) 当 $r=60\mathrm{m}$ 时，未校正计算射击窗技术参数时采用等价机动幅度值 $\Delta r=43.61\mathrm{m}$。校正+集火射击、自适应射击窗、校正+自适应射击窗技术的毁歼概率如图 6-26 所示，其全航路毁歼概率均值分别为 0.268,0.055,0.264，校正+自适应射击窗方式的毁歼概率与校正+集火射击相比，下降了约 1.48%。

当 $r=100\mathrm{m}$ 时，未校正计算射击窗技术参数时采用等价机动幅度值 $\Delta r=72.49\mathrm{m}$。校正+集火射击、自适应射击窗、校正+自适应射击窗技术的毁歼概率如图 6-27 所示，其全航路毁歼概率均值分别为 0.2046,0.0373,0.2209，校正+自适应射击窗方式的毁歼概率与校正+集火射击相比，提高了约 7.95%。

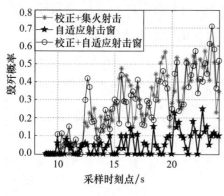

图 6-26 毁歼概率($r=60\mathrm{m}$)

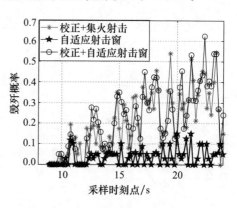

图 6-27 毁歼概率($r=100\mathrm{m}$)

当 $r=200\mathrm{m}$ 时，未校正计算射击窗技术参数时采用等价机动幅度值 $\Delta r=144.53\mathrm{m}$。校正+集火射击、自适应射击窗、校正+自适应射击窗技术的毁歼概率如图 6-28 所示，其全航路毁歼概率均值分别为 0.1084,0.0188,0.1338，校正+自适应射击窗方式的毁歼概率与校正+集火射击相比，提高了约 23.46%。

(2) 在三种仿真条件下，各取一次仿真：蛇形机动幅度 $r=60.16\mathrm{m}$，频率 $\omega=1.52$ 时，校正量计算公式为 $y(t)=19.54t^3-131.87t^2+218.79t-49.96$；当 $r=102.90\mathrm{m},\omega=1.55$ 时，校正量计算公式为 $y(t)=34.56t^3-230.24t^2+376.73t-78.26$；当 $r=205.78\mathrm{m},\omega=1.52$ 时，校正量计算公式为 $y(t)=66.60t^3-450.13t^2+747.81t-150.39$，因为校正量拟合公式是在单个周期内实现的，故上述三个公

式中的时间 t 需要利用相关公式等价到单个周期内。校正后在蛇形机动航路所在轴上的目标位置误差如图 6-29 所示。

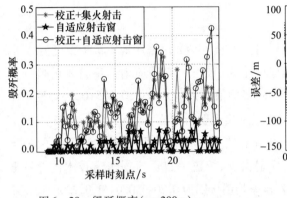

图 6-28 毁歼概率($r=200$m)

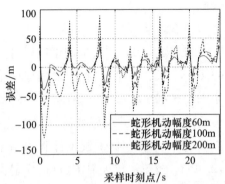

图 6-29 校正误差

(3) 当 $r=200$m 时,选对其校正误差分别为 13.61m 与 14.47m 的两次仿真,校正+自适应射击窗方式的射击窗技术参数变化规律如图 6-30 所示。

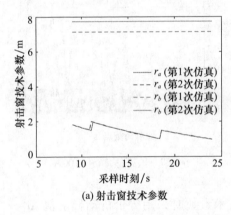

(a) 射击窗技术参数　　　　　(b) 相对误差

图 6-30 射击窗技术参数($r=200$m)

(4) 当 $r=100$m 时,对第 10 次仿真第 22s 采样时刻点,其所有有效信息(包括提前点和现在点信息)如下:机动幅度估计值 102.90m,校正+自适应射击窗的技术参数是(1.15,3.86)m,与之对应的弹丸散布均方差是(0.81,2.73)m,校正+集火射击弹丸散布均方差是(1.77,1.76)m,统计出的两种射击方式的毁歼概率分别为 0.94 和 0.88。根据这些有效信息,可以模拟出自两种射击方式时的弹丸实际散布如图 6-31 所示。与之相对应的弹丸实际散布密度如图 6-32 所示,图(a)表示校正+自适应射击窗弹丸散布密度,图(b)表示校正+集火射击弹丸散布密度。

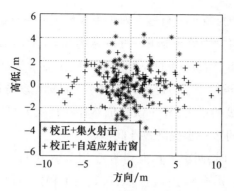

图 6-31 弹丸实际散布示意图

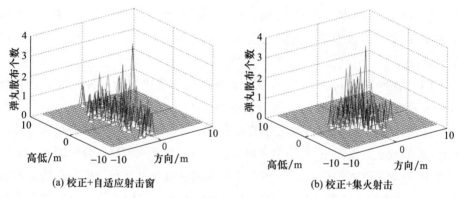

图 6-32 弹丸实际散布密度

(5)当 $r=100\mathrm{m}$ 时,对第 22s 采样时刻点的 10 次毁歼概率仿真结果,进行基于 Bootstrap 和灰色距离测度的仿真数据处理(重抽样后样本个数 100,灰色置信度 0.7),结果如表 6-8 所列(选择三种算法中最好的一组结果)。

表 6-8 两种射击方式下的仿真结果

射击方式	灰色估计值	置信区间	区间宽度
校正 + 自适应射击窗	0.4173	[0.3421 0.4926]	0.1505
校正 + 集火射击	0.4097	[0.3433 0.4760]	0.1327

结果分析:

(1)从图 6-26 到图 6-28 可以看出,未校正自适应射击窗的各航路点毁歼概率比较低,三种仿真条件下其全航路毁歼概率均值分别为 0.055,0.0373,0.0188,而在同等条件下,不论是校正 + 集火射击还是校正 + 自适应射击窗射击毁歼概率都要好,这说明校正起到了作用,其缩小了目标预测运动范围,提高了单位面积内弹丸散布密度,从而提高了毁歼概率。

(2）当 $r=60\mathrm{m}$ 时，校正+自适应射击窗与校正+集火射击的毁歼概率均值相差 1.48%，除去随机因素的影响，可以认为两种射击方式效果一致；当 $r=100\mathrm{m}$ 增大到 $r=200\mathrm{m}$ 时，前者的毁歼概率均值比后者提高幅度从 7.95% 增加到 23.46%，这说明虽然校正后已大大地缩小了目标运动范围（通过误差表征），但随着蛇形机动幅度的增大，校正误差仍然存在且变大，见图 6-29，此时采用自适应射击窗方式可进一步提高毁歼概率。

（3）当 $r=200\mathrm{m}$ 时，两次仿真得到的 r_a 相差很小，除去某点外，两者相对误差小于 0.7% 且均值几乎为零；就 r_b 而言，其均值稳定在保持在 7.89% 左右，造成这种现象的原因在于两次仿真时校正误差不一致，此时两者相对误差（14.47-13.61）/13.61×100% ≈ 6.32%，而 r_b 的大小是与校正误差密切相关的，除去这个因素外，射击窗技术参数的变化很小，可以忽略，这说明了单次仿真具有很好的稳健性。

（4）从图 6-31 可以看出，本次射击中校正+集火射击的弹丸散布在高低范围上要略大于校正+自适应射击窗的弹丸散布范围，但在方向范围上后者要大于前者，这和两者射击参数之间的大小关系是一致的；同时，从图 6-29 可以看出，此时校正后误差很小，则两种射击方式毁歼概率比较高。分析图 6-32 可以看出，针对一次射击仿真而言，所发射弹丸的实际弹丸散布密度与自适应射击窗期望的弹丸散布密度是有差异的，这就导致了实际得到的毁歼概率比期望值要低。但图 6-32(a) 的中心区域并未出现弹丸散布密度低于周围区域散布密度的情况，这说明通过射击窗技术参数的合理设置，可实现空域窗射击。

（5）从图 6-27 可知，在第 10 次仿真 22s 采样时刻点，两种射击方式的全航路毁歼概率均值相等，均为 0.406。基于 Bootstrap 和灰色距离测度的仿真数据处理方法得到的结果见表 6-8，校正+自适应射击窗的毁歼概率均值要大于校正+集火射击，并给出了置信区间，表明本书提出的仿真数据处理方法能区分出两种射击方式的优劣，其更有效。

6.3.1.3 混合航路

混合航路是指匀速直线运动和蛇形机动同时存在的航路，即目标在飞行过程中，运动模式之间会发生转换。自适应射击窗和集火射击对混合航路毁伤效能评估系统的主界面如图 6-33 所示。与图 6-9 所示的评估系统相比，增加了模式识别模块，其功能是在目标运动模式发生转换时进行模式识别，并在此基础上估计模式表征参数。

第6章 自适应射击窗火控毁伤效能评估

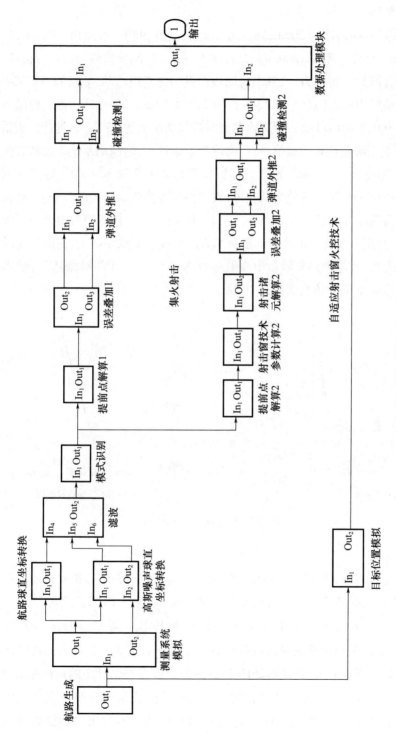

图 6-33 混合路段毁伤效能评估系统主界面

仿真条件：

航路参数：航路捷径200m,倾斜角 $\lambda=0°$,高度500m,航向角1000mil,初始航程6500m,目标速度 $V=200\text{m/s}$,目标在12~24s时间段内做横向蛇行机动,其机动幅度真值为r,周期为3s,其余时间段内做匀速直线运动,航路如图6-34所示。过程噪声均方差(直角坐标系)取为(2,2,0.5)m,卡尔曼滤波器过程噪声方差阵为[2 0 0;0 2 0;0 0 2],解算提前点时迭代法次数为15次,改进迭代法系数为0.5,高炮系统包括6门高炮,每门高炮2个炮管,火炮随动系统射角和方位角误差均方差 $\sigma_{p\varphi}=\sigma_{p\beta}=1\text{mil}$,毁歼目标所需平均命中弹数 $w=2$ 发,碰撞检测时检测间隔0.0005s,目标等效为圆柱体,底部圆半径为0.3m,长度为6m。集火射击时弹丸高低和方向散布均方差 $\sigma_N=\sigma_Z=1\text{mil}$;射击窗技术参数由火控系统自适应计算,其点射弹丸高低和方向散布均方差与技术参数相匹配,窗内弹丸散布中心个数为6个,每个弹丸散布中心射弹数为 $n=24$,采样间隔是0.2s,仿真时间为30s,蒙特卡罗的仿真次数为10次。

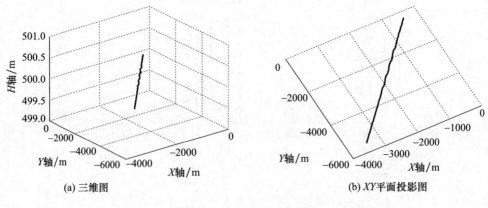

图6-34 目标航迹($r=30\text{m}$)

仿真结果：

(1)当 $r=30\text{m}$ 时,记识别目标由匀速直线运动转换为蛇形机动所需时间为 t'_1,由蛇形机动转换为匀速直线运动所需时间为 t'_2,统计10次仿真可知,$t'_1=3\text{s}$ 共8次,$t'_1=4.5\text{s}$ 和 $t'_1=6\text{s}$ 各1次,$t'_2=1.5\text{s}$ 共10次。以 $t'_1=3\text{s}$,$t'_2=1.5\text{s}$ 为例,绘制集火射击与自适应射击窗技术的毁歼概率如图6-35所示。其中,$t_1\sim t_4$ 时间段是目标蛇形机动时间真值区间,$t_2\sim t_5$ 时间段是估计出的目标蛇形机动时间区间,$t'_1=t_2-t_1$ 是采用模式识别算法识别目标从匀速直线模式转换为蛇形机动模式迟延的时间,$t_{f1}=3.5\text{s}$ 是在 t_2 时刻解相遇方程组得到的射弹飞行时间,$t'_2 = t_5 - t_4$ 是采用模式识别算法识别目标从蛇形机动模式转换为匀速直线模式迟延的时间,$t_{f2} = 1.24s$ 是在 t_5 时刻解相遇方程组得到的射弹飞行时间。

根据自适应射击窗火控技术包络射击的原理可知,t_1 时刻之前、$t_3 \sim t_4$ 时间段内和 t_6 时刻之后火控系统解算出的射击诸元与目标真实运动轨迹匹配(称为稳态时刻);$t_1 \sim t_3$ 时间段内和 $t_4 \sim t_6$ 时间段内火控系统解算出的射击诸元与目标真实运动轨迹不匹配(称为暂态时刻);此处的匹配是指火控系统解算射击诸元时所作的目标运动规律假定与目标真实运动轨迹一致,且弹丸经时间 t_f 飞行到达提前点时目标仍处于当前运动模式。

经过统计可知,$t_1 \sim t_3$ 时间段内自适应射击窗火控技术和集火射击的毁歼概率均值分别为 0.1312 和 0.0980,$t_3 \sim t_4$ 时间段内两种射击方式为 0.1729 和 0.1607,$t_4 \sim t_6$ 时间段内两种射击方式为 0.4046 和 0.8024,t_6 时刻之后两种射击方式为 0.8987 和 0.9074。两种射击方式的全航路毁歼概率均值分别为 0.3210 和 0.3680。

(2)当 $r = 15m$ 时,集火射击与自适应射击窗技术的毁歼概率如图 6-36 所示,在 $t_3 \sim t_4$ 时间段自适应射击窗技术与集火射击的毁歼概率均值分别为 0.3045 和 0.2824,$t_4 \sim t_6$ 时间段内分别为 0.6361 和 0.7631,两种射击方式的全航路毁歼概率均值分别为 0.4134 和 0.4324。

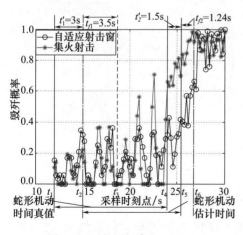

图 6-35 毁歼概率($r = 30m$)

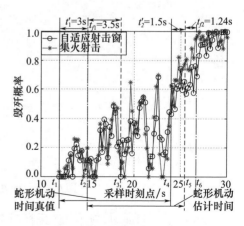

图 6-36 毁歼概率($r = 15m$)

(3)当 $r = 30m$ 时,第 8 次仿真第 28.4s 采样时刻点的所有有效信息(包括提前点和现在点信息)为:在 Q 平面上,目标位置预测误差均方差为 (3.53,0.02)m,

真值为(1.17,0.20)m,射击窗技术参数是(1.53,1.52)m,与之对应的弹丸散布均方差是(1.08,1.07)m,集火射击弹丸散布均方差是(1.04,0.89)m,统计出的两种射击方式的毁歼概率均为0.94(第29.2s);根据这些有效信息,可以模拟出自适应射击窗和集火射击时的弹丸实际散布如图6-37所示,图中的目标预测运动范围是以预测误差均方差为长、短半轴画出的椭圆,与之相对应的弹丸实际散布密度如图6-38所示,图(a)表示自适应射击窗弹丸散布密度,图(b)表示集火射击弹丸散布密度。

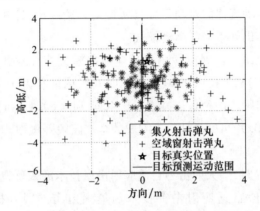

图6-37 弹丸实际散布示意图

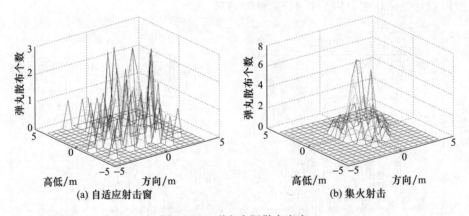

图6-38 弹丸实际散布密度

(4)当 $r=15$m 时,对第25s采样时刻点的10次毁歼概率仿真结果,进行基于Bootstrap和灰色距离测度的仿真数据处理(重抽样后样本个数100,灰色置信度0.7),结果如表6-9所示(选择三种算法中最好的一组结果)。

表6-9 两种射击方式下的仿真结果

射击方式	灰色估计值	置信区间	区间宽度
集火射击	0.6480	[0.5672 0.7288]	0.1616
自适应射击窗	0.7301	[0.7016 0.7585]	0.0569

结果分析：

（1）当 $r=30\text{m}$ 时，就自适应射击窗火控技术而言，其在 $t_3 \sim t_4$ 时间段内的毁歼概率均值为 0.1729，要优于集火射击的 0.1607；在 $t_4 \sim t_6$ 时间段内为 0.4046，远低于集火射击的 0.8024，见图 6-35，原因是在 $t_3 \sim t_4$ 时间段属于稳态时刻，$t_4 \sim t_6$ 时间段属于暂态时刻，而对集火射击而言，正好与之相反，这与理论分析是一致的；虽然 $t_1 \sim t_3$ 时间段也属于暂态时刻，但与属于稳态的 t_6 时刻之后一样，此时自适应射击窗技术解算射击诸元所做目标运动假定与集火射击一致，故两者毁歼概率是相似的。之所以在 $t_1 \sim t_3$ 时间段自适应射击窗技术比集火射击好，是因为此时其有效弹丸散布略小于后者。而在 t_6 时刻之后自适应射击窗技术与集火射击基本一致。同时可知，两种射击方式在 $t_3 \sim t_4$ 时间段内与 $t_4 \sim t_6$ 时间段内的综合表现将决定它们在全航路中的优劣，这点从全航路毁歼概率均值指标就可以看出，集火射击的 0.3680 优于自适应射击窗技术的 0.3210。所以，应重点比较这两个时间段。

根据 $r=15\text{m}$ 时的结果，也可得到相同的结论。两种仿真条件下的区别在于，在同等条件下，$r=15\text{m}$ 时计算的射击窗技术参数比 $r=30\text{m}$ 时要小，故在 $t_4 \sim t_6$ 时间段内，$r=15\text{m}$ 时的自适应射击窗技术与集火射击毁歼概率之差值要小。且随着蛇形机动幅度的减小，在该时间段内两种射击方式的毁歼概率差值也随之变小。

（2）在 $r=30\text{m}$ 时，若 $t'_1=4.5\text{s}, t_{f1}=3.16\text{s}$，则 $t_3 \sim t_4$ 时间段将缩短；若 $t'_1=6\text{s}, t_{f1}=2.77\text{s}$，则 $t_3 \sim t_4$ 时间段将进一步缩短；根据上面的分析可知，$t_3 \sim t_4$ 时间段越短，自适应射击窗技术优于集火射击的时间越短，从全航路毁歼概率均值来看，这会导致自适应射击窗技术差于集火射击。故为使自适应射击窗技术发挥最佳效果，必须尽可能缩短暂态时间，可从以下两方面着手：一是缩短模式识别迟延时间，这需要研究更佳的目标运动模式识别算法；二是缩短射弹飞行时间，这要求提高高炮的弹丸发射初速。

（3）从图 6-37 可以看出，本次射击中自适应射击窗的弹丸散布范围要大于集火射击的弹丸散布范围，这和射击窗技术参数与集火射击参数之间的大小关系是一致的;与目标位置真值相比较,两种射击条件下均有大量弹丸散布在其周围,故两种射击方式的毁歼概率都比较高,接近1,这与实际统计结果是一致的,证明了本次仿真的正确性。

同时,从图6-38可以看出,针对一次射击仿真而言,所发射弹丸的实际弹丸散布密度与自适应射击窗期望的弹丸散布密度是有差异的,这就导致了实际得到的毁歼概率比期望值要低。但图6-38(a)的中心区域并未出现弹丸散布密度低于周围区域散布密度的情况,这说明通过射击窗技术参数的合理设置,可以实现空域窗射击方式。

(4)见表6-9,在此采样时刻点,自适应射击窗毁歼概率要大于集火射击毁歼概率,并且其区间宽度也要小于后者,这与图6-36是相匹配的。

6.3.2 分布式火控系统

对分布式火控系统,在相同条件下,评估自适应射击窗火控方式与集火射击方式的毁伤效能。根据目标航路的不同,分为匀速直线运动航路和蛇形机动航路两种情况。

6.3.2.1 匀速直线运动航路

对分布式高炮火控系统而言,本书分别提出了时空域射击窗和空间域射击窗两种方式。根据两种射击方式的基本原理,下面分别比较它们与集火射击的毁伤效能。

自适应射击窗和集火射击对匀速直线运动航路毁伤效能评估系统主界面如图6-39所示(注:因为时空域与空间域射击窗毁伤效能评估系统主界面是一致的,故此处合二为一用同一个图表示。实际上,由于两种射击方式原理不同,编程内容也是不同的,故在仿真时分别比较时空域与集火射击或空间域与集火射击,所以两种条件下得到的集火射击毁歼概率也是不一样的)。与图6-9所示的评估系统相比,增加了阵地配置模块,其功能是用来设置分布式条件下各门高炮的位置,示意图如图6-40所示,图中,r_1表示各排成等边三角形配置时的边长,r_2表示排内两炮呈一字线性排列时的距离,O是等边三角形的中心,表示原点,也是炮中心,OXY坐标系是火控系统常用的大地直角坐标系。

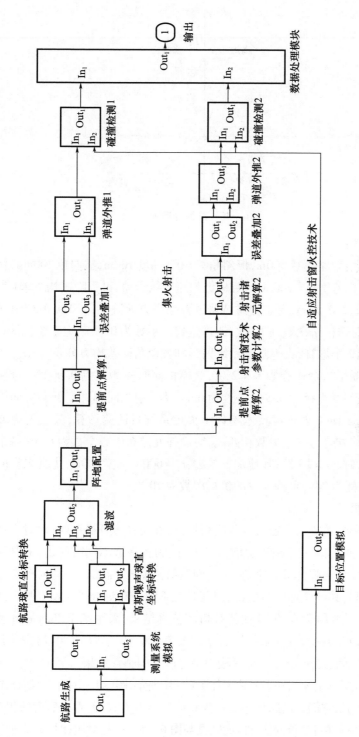

图 6-39 匀速直线运动航路毁伤效能评估系统主界面

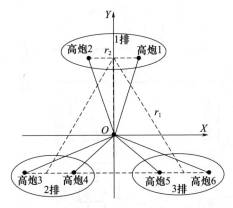

图 6-40 高炮阵地配置

仿真条件：

航路参数：航路捷径 500m，倾斜角 $\lambda=0°$，高度 100m，航向角 400mil，初始航程 6000m，目标速度 $V=200m/s$，目标做匀速直线运动；过程噪声均方差（直角坐标系）取为(2,2,0.5)m，卡尔曼滤波器过程噪声方差阵为[2 0 0；0 2 0；0 0 2]，解算提前点时迭代法次数为 15 次，改进迭代法系数为 0.5，高炮系统包括 6 门高炮，每门高炮 2 个炮管，火炮随动系统射角和方位角误差均方差 $\sigma_{p\varphi}=\sigma_{p\beta}=1mil$，毁歼目标所需平均命中弹数 $w=2$ 发，碰撞检测时检测间隔 0.0005s，目标等效为圆柱体，底部圆半径为 0.3m，长度为 6m。集火射击时弹丸高低和方向散布均方差 $\sigma_N=\sigma_Z=1mil$；射击窗技术参数由火控系统自适应计算，其点射弹丸高低和方向散布均方差与技术参数相匹配，窗内弹丸散布中心个数为 6 个，每个弹丸散布中心射弹数 $n=16$ 发；阵地配置参数：$r_1=600m$，$r_2=200m$；仿真采样间隔是 0.2s，仿真时间为 24s，蒙特卡罗的仿真次数为 10 次。

仿真结果：

根据两种自适应射击窗方式的实现原理，在统计毁歼概率时，对时空域射击窗方式而言，采样时刻点是指提前点时刻，因为各高炮不同时射击，但其弹丸同一时刻抵达各预定弹丸散布中心；对空间域射击窗方式而言，采样时刻点是指现在点时刻，因为其各高炮同时射击，但其弹丸不同一时刻抵达各预定弹丸散布中心；对每一个采样时刻点的 10 次毁歼概率仿真结果，采用基于 Bootstrap 和灰色距离测度的仿真数据处理（重抽样后样本个数 100，灰色置信度 0.7）方法计算估计值和估计区间宽度（选择三种算法中最好的区间估计结果）。

三种射击方式的全航路毁歼概率如图 6-41 所示，图(a)表示时空域射击窗方式和集火射击方式，它们的航路均值分别为 0.4177 与 0.4016，前者与后者的相对误差为 4.01%。各采样时刻点的估计区间宽度与图 6-42(a)相对应；图(b)表示空间域射击窗方式和集火射击方式,它们的航路均值分别为 0.3569 与 0.3641,前者与后者的相对误差为 −1.98%。各采样时刻点的估计区间宽度与图 6−42(b) 相对应。

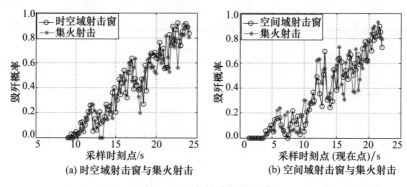

图 6−41　全航路毁歼概率

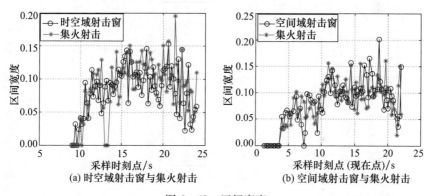

图 6−42　区间宽度

结果分析:

从图 6−41 可以看出,在相同条件下,除去因仿真次数不足导致的随机因素外,无论是时空域射击窗方式与集火射击,还是空间域射击窗方式与集火射击,它们之间的毁歼概率相差不多。这说明,对匀速直线运动航路,时空域射击窗方式和空间域窗射击方式可以达到与集火射击相似的射击效果。

同时,从图 6−42 可以看出,时空域射击窗方式的估计区间宽度要优于集火射击,空间域射击窗方式的估计区间宽度与集火射击差不多。这是因为多次仿真得到的时空域射击窗方式毁歼概率值分散度要小。

6.3.2.2　蛇形机动航路

自适应射击窗和集火射击对蛇形机动航路毁伤效能评估系统主界面如图 6−43 所示。与图 6−9 所示的评估系统相比,增加了阵地配置与蛇形机动幅度估计模块,其功能是用来设置分布式条件下各门高炮的位置以及估计蛇形机动幅度。

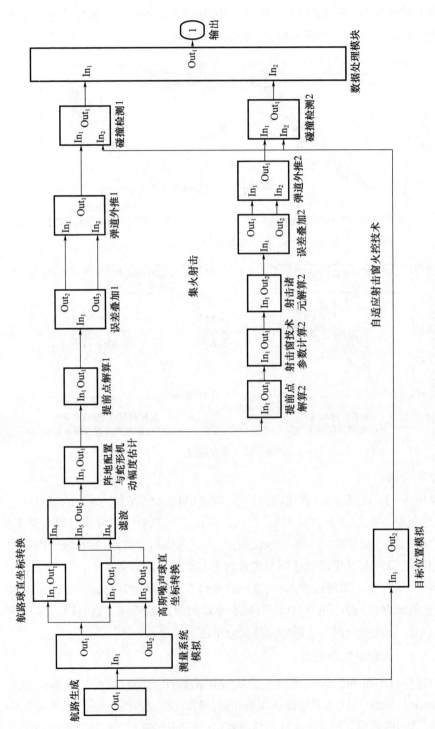

图 6-43 蛇形机动航路毁伤效能评估系统主界面

仿真条件：

航路参数：航路捷径 500m，倾斜角 $\lambda=0°$，高度 100m，航向角 400mil，初始航程 6000m，目标速度 $V=200$m/s，目标做横向蛇行机动，其机动幅度真值为 r，周期为 t；过程噪声均方差（直角坐标系）取为 (2,2,0.5)m，卡尔曼滤波器过程噪声方差阵为 [2 0 0;0 2 0;0 0 2]，解算提前点时迭代法次数为 15 次，改进迭代法系数为 0.5，高炮系统包括 6 门高炮，每门高炮 2 个炮管，火炮随动系统射角和方位角误差均方差 $\sigma_{p\varphi}=\sigma_{p\beta}=1$mil，毁歼目标所需平均命中弹数 $w=2$ 发，碰撞检测间隔 0.0005s，目标等效为圆柱体，底部圆半径为 0.3m，长度为 6m。集火射击时弹丸高低和方向散布均方差 $\sigma_N=\sigma_Z=1$mil；射击窗技术参数由火控系统自适应计算，其点射弹丸高低和方向散布均方差与技术参数相匹配，窗内弹丸散布中心个数为 6 个，每个弹丸散布中心射弹数为 n，采样间隔是 0.2s，仿真时间为 24s，蒙特卡罗的仿真次数为 10 次。

仿真结果：对仿真数据的处理方法同 6.3.2.1 节。

(1) $r=15$m, $t=4$s, $n=16$ 时，三种射击方式的全航路毁歼概率如图 6-44 所示，图(a)表示时空域射击窗方式和集火射击，它们的航路均值分别为 0.1937 与 0.1587，时空域射击窗方式比集火射击的毁歼概率提高了 22.06%；图(b)表示空间域射击窗方式和集火射击，它们的航路均值分别为 0.1766 与 0.1184，空间域射击窗方式比集火射击毁歼概率提高了 49.16%。

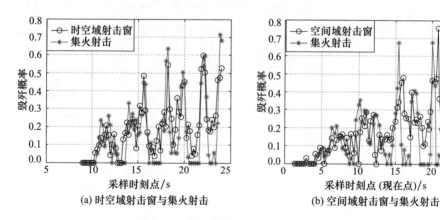

图 6-44 毁歼概率($r=15$m, $t=4$s, $n=16$)

(2) $r=25$m, $t=4$s, $n=16$ 时，三种射击方式的全航路毁歼概率如图 6-45 所示，图(a)表示时空域射击窗方式和集火射击，它们的航路均值分别为 0.1375 与 0.0894，时空域射击窗方式比集火射击的毁歼概率提高了 53.88%；图(b)表示空间域射击窗方式和集火射击,它们的航路均值分别为 0.1097 与 0.0651,空间域射击窗方式比集火射击毁歼概率提高了 68.51%。

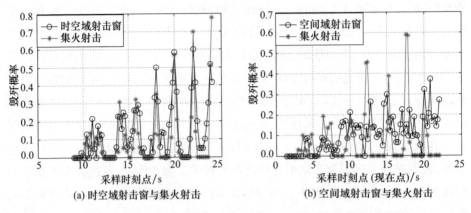

图 6-45　毁歼概率($r=25$m,$t=4$s,$n=16$)

(3) $r=25$m,$t=4$s,$n=24$ 时,三种射击方式的全航路毁歼概率如图 6-46 所示,图(a)表示时空域射击窗方式和集火射击,它们的航路均值分别为 0.1584 与 0.1105,时空域射击窗方式比集火射击的毁歼概率提高了 43.33%;图(b)表示空间域射击窗方式和集火射击,它们的航路均值分别为 0.1625 与 0.0955,空间域射击窗方式比集火射击毁歼概率提高了 70.16%。

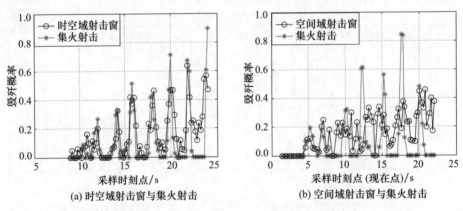

图 6-46　毁歼概率($r=25$m,$t=4$s,$n=24$)

(4) $r=25$m,$t=3$s,$n=24$ 时,三种射击方式的全航路毁歼概率如图 6-47 所示,图(a)表示时空域射击窗方式和集火射击,它们的航路均值分别为 0.1886 与 0.1200,时空域射击窗方式比集火射击的毁歼概率提高了 57.09%;图(b)表示空间域射击窗方式和集火射击,它们的航路均值分别为 0.1686 与 0.1076,空间域射击窗方式比集火射击毁歼概率提高了 56.69%。

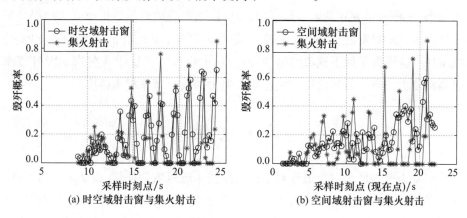

(a) 时空域射击窗与集火射击　　(b) 空间域射击窗与集火射击

图 6-47　毁歼概率 ($r=25\text{m}, t=3\text{s}, n=24$)

结果分析：

(1) 在 4 种仿真条件下，无论是时空域射击窗方式，还是空间域射击窗方式，均优于同等条件下的集火射击，自适应射击窗的毁歼概率较之后者提高 22.06%～70.16%。这说明两种自适应射击窗方式是可行和有效的。

(2) 从图 6-44～图 6-47 可以看出，在同等仿真条件下，时空域射击窗方式的全航路毁歼概率抖动比较大，与集火射击情况相类似，而空间域射击窗方式的结果相对比较平滑，故从有效射击时间上分析，空间域射击窗方式优于时空域射击窗方式。

(3) 从图 6-44 与图 6-45 可知，在弹丸数一定时，蛇形机动幅度越大，三种射击方式的毁歼概率均值都越小，但自适应射击窗比集火射击毁歼概率的提高幅度却增大。例如，当 r 从 15m 增大到 25m 时，时空域射击窗方式比集火射击毁歼概率的提高幅度从 22.06% 增大到 53.88%，与此同时，空间域射击窗方式比集火射击毁歼概率的提高幅度从 49.16% 增大到 68.51%。这说明自适应射击窗方式对付蛇形机动幅度越大的目标越有效。

(4) 根据图 6-45 与图 6-46，在蛇形机动幅度和周期一定时，火力密度越大，三种射击方式的毁歼概率均值都越大，但自适应射击窗比集火射击毁歼概率的提高幅度却出现了两种情况，分别是：时空域射击窗方式比集火射击毁歼概率的提高幅度从 53.88% 减小到 43.33%，空间域射击窗方式比集火射击毁歼概率的提高幅度从 68.51% 提高到 70.16%。出现这种情况的原因是随着火力密度的增大，空间域射击窗方式的毁歼概率提高幅度最大。

(5)从图 6-46 与图 6-47 可以看出,在蛇形机动幅度和弹丸数一定时,周期越小,三种射击方式的毁歼概率均值都越大,并且时空域射击窗方式的提高幅度最大为 19.07%,空间域射击窗方式为 3.75%,集火射击分别为 8.60% 与 12.67%,这导致了如下现象的出现:时空域射击窗方式比集火射击的毁歼概率提高幅度大于空间域射击窗方式比集火射击的毁歼概率提高幅度。

6.4 小结

本章主要验证了对自适应射击窗火控技术进行效能评估,验证了其有效性,基于 MATLAB/Simulink 软件工具设计开发了高炮武器系统效能评估仿真平台。在开发过程中,对仿真数据进行处理时,提出了基于 Bootstrap 和灰色距离测度相结合的仿真数据处理方法,其优于现有的灰色距离测度方法。利用此仿真平台,设置多种类型的目标航路环境以及高炮武器系统阵地配置环境,分析比较了自适应射击窗火控技术与集火射击方式的毁伤效能,得到了一些有益的结论。

参考文献

[1] 中国人民解放军总参谋部炮兵部. 高炮射击理论[M]. 北京:解放军出版社,1986.
[2] 刘恒,梅卫,单甘霖,等. 基于蒙特卡罗法的高炮空域窗射击毁歼概率计算[J]. 火力与指挥控制,2014,39(1):87-89,102.
[3] 李颖. Simulink 动态系统建模与仿真[M]. 2 版. 西安:西安电子科技大学出版社,2009.
[4] 印桂生,陈怀友,张菁,等. 近程防御武器系统可视化仿真研究[J]. 哈尔滨工程大学学报,2010,31(2):220-225.
[5] BUCHER R,BALEMI S. Rapid controller prototyping with MATLAB/Simulink and Linux [J]. Control Engineering Practice,2006,14(2):185-192.
[6] 雏朝喜,焦勇,董剑. 基于 MATLAB/Simulink 的反坦克导弹系统数字仿真方法研究[J]. 弹箭与制导学报,2008,28(4):4-6.
[7] 曲晓燕,张林,范庚. 基于 MATLAB/Simulink 的空空导弹攻击区仿真 [J]. 弹箭与制导学报,2011,31(5):51-54.
[8] 刘恒,梅卫. 火控系统仿真软件设计与开发[J]. 火力与指挥控制,2010,35(12):126-128.
[9] 沈展鹏,肖世富,刘信恩,等. 基于小样本信息的区间边界估计方法研究[J]. 应用力学学报,2012,29(6):692-698,775.
[10] PARSI S,GANJALI M. FARSIPOUR N S. Conditional maximum likehood and interval estima-

tion for two Weibull populations under joint typeII progressive censoring[J]. Communications in Statistics:Theory and Methods,2011,40(12):2117-2135.

[11] HERBERT R D,HAYEN A,MACASKILL P,et al. Interval estimation for the difference of two independent variances[J]. Communications in Statistics:Simulation and Computation,2011,40(5):744-758.

[12] 柯宏发,陈永光,楚振锋. 电子装备试验数据的灰色处理[J]. 系统工程与电子技术,2005,27(8):1409-1411.

[13] KE H F,CHEN Y G,LIU B. Grey model and algorithm for the selection of electronic equipment test project[J]. ACTA Electronica Sinica,2005,33(6):995-998.

[14] KE H F,CHEN Y G,LIU Y. Data processing of small samples based on grey distance information approach[J]. Systems Engineering and Electronics,2007,18(2):281-289.

[15] CHEN Y G,KE H F,LIU Y. Grey distance information approach for parameter estimation of small samples[J]. IEEE Trans. on Instrumentation and Measurement,2008,57(6):1281-1286.

[16] LIAN Z W,DANG Y G,WANG Z X,et al. Grey distance incidence degree and its properties [C]//2009 IEEE International Conference on Grey Systems and Intelligence Services,Nanjing,China,2009:37-41.

[17] 刘义,王国玉,柯宏发. 一种基于灰色距离测度的小样本数据区间估计方法[J]. 系统工程与电子技术,2008,30(1):116-119.

[18] 刘义,王国玉,柯宏发,等. 一种应用于外场实验数据处理的非概率参数估计方法[J]. 信号处理,2009,25(1):113-117.

[19] 金球星,邹青,李玉龙. 基于灰色距离测度的粗大误差判别方法[J]. 计测技术,2010,30(4):1-2,15.

[20] EFRON B. Better bootstrap confidence intervals with discussion[J]. Journal of the American Stastical Association,1987,82(397):171-185.

[21] EFRON B. More efficient bootstrap computations[J]. J. Am. Statist. Assoc.,1990,85(409):79-89.

[22] MUDELSEE M,ALKIO M. Quantifying effects in two-sample environmental experiments using bootstrap confidence intervals[J]. Environmental Modelling and Software,2007,22(1):84-96.

[23] TIMMERMAN M E,TER BRAAK C J F. Bootstrap confidence intervals for principal response curves[J]. Computational Statistics and Data Analysis,2008,52(4):1837-1849.

[24] ZHANG G F,ZHANG Y,DONG H,et al. Parameter tolerance of the SQUID bootstrap circuit [J]. Superconductor Science and Technology,2012,25(1):015006.

[25] 刘恒,梅卫,单甘霖. 小样本数据的三种区间估计方法性能分析[J]. 系统工程与电子技术,2014,36(10):1929-1933.